男と女の怒らない技術

嶋津良智

フォレスト出版

はじめに　怒らない技術が手遅れの男女が急増中

本書を手にしていただき、ありがとうございます。

「怒らない技術」シリーズが刊行され、8年の歳月が流れました。おかげさまでシリーズ100万部を突破し、「怒らないと決めただけで人生が変わった」と多くの方から感謝の言葉をいただいています。

著者として、これほどうれしいことはありません。

その一方で、社会全体のイライラや怒りは、この10年で高まっています。本文のなかでさまざまなケースを紹介しますが、男女間のトラブルは増えています。

私は「感情マネジメント」の講師をしているので、「ケンカが絶えない」「相手に手を上げてしまった」などの相談を受けることがあります。

イライラは時に暴力に発展し、女性の4人に1人、男性の7人に1人が配偶者から暴力を受けているとの調査結果があります（2016年「内閣府」）。

反対にイライラや怒りがピークを超え、関係が冷めきってしまい、必要最低限の会話しかない業務連絡夫婦もいます。

全国の既婚男女748名に「生まれ変わっても現在の配偶者と結婚したいか」と聞いたところ、「はい」は46・3パーセントで、半数に届かないという結果になりました。

この数字を大きく下げていたのが50代、60代の女性でした。男性は、どの年代においても50パーセント前後と平均を保っています。一方で、女性は20代の頃は「もう一度いまの夫と」という人が多かったのに対し、50代、60代になると32・4パーセント、33・3パーセントと極端に下ります。

これまで家庭を顧みない夫との生活に不満をもちながらも、「給料を稼いでくれるから」と我慢してきた妻が、定年をきっかけに「もう面倒はみないから」と宣言して、離婚してしまうこともあります。

いずれにしても長い時間をともにするパートナーとの関係がうまくいっていないと、あなたの人生はアンハッピーなものになってしまいます。


そもそもなぜパートナーに対してイライラし怒るのでしょうか？


「もっと感謝してほしい」

「偉そうなことというくせに、家のことをまったくしてくれない！」

「上から目線でむかつく！」

「仕事で疲れてるのだから、労ってほしい」

「こんなに高いものを衝動買いするなんて信じられない！」

「毎晩、いったいどこで遊んでるの！」


こんなときにあなたは「イライラしたり」「腹が立ったり」「むかついたり」するでしょう。

でも、そこに「イライラしない」「怒らない」という選択肢はなかったのでしょうか?

これまで怒ってしまった場面を思い出してください。

すべての場面に、「怒る」という選択肢と、「怒らない」という選択肢があったはずです。そして、自分で「怒る」ことを選んだために、怒ったのです。

私はセミナー参加者にこう言います。

「男女間にイライラはつきものですが、この感情を、あなた自身が上手にコントロールすることはできます。そうすることであなたの人生は変わります。幸せの成功曲線にのることができます」

そんな私ですが、もともと超短気な性格で、30年近く前には「怒り」でマネジメントをしていたこともありました。

私は大学を卒業して営業会社に勤めました。

入社した頃から営業成績がよく、24歳でマネジャーになりました。そのとき私がやっていたのは、「ＫＫＤマネジメント」でした。ＫＫＤとは私の造語で、「恐怖」「脅迫」「ドッキ」によるマネジメントです。

私は、1日中、怒鳴り散らしていました。

朝礼は、怒りを爆発させる場でした。

「何で売れないいんだ、馬鹿野郎！」

「ふざけんな。ノルマ達成するまで帰ってくるな！」

「達成できなかったら、どうなるかわかんねえぞ、こら！」

部下を小突く。部下に向かってホワイトボード用のマーカーを投げつける。ゴミ箱を蹴っ飛ばす。朝から晩まで恐怖、脅迫、ドッキを繰り返します。

いまならパワハラで問題になりそうですが、これはこの会社の文化的なところも多少あったので、私も新人時代からこのやり方で鍛えられてきました。だから何の疑いもなく、自分もＫＫＤをやっていたのです。

何より私はもともとひどく短気な人間でした。子どもの頃から、何かあるとすぐに「ふざけるな」「馬鹿野郎」と怒鳴り散らしていました。

いまから思うと、それはビビリで、小心者であるがゆえでした。

人から自分の短所やあやまちを指摘されるのがイヤでたまらない。それについて、きちんとした話し合いをする度胸もない。だから自分に不都合な状況になりそうになるとすぐに怒りました。

しかし、私は、ある出来事がきっかけとなり変わりました。

それについては本文でお話ししますが、**私は仕事でもプライベートでも「怒らない」と決めました。**

すると次々に成果が上げられるようになりました。

人生の限られた時間を「イライラ」や「怒り」に費やすのは無駄です。「怒り」という感情に支配されるのは愚かなことです。不機嫌、イライラ、怒りといったマイナス感情が、私たちの人生をどれだけつまらないものにしているか。

私は一度しかない人生を幸せだと感じられるものにしたいと心の底から思っています。臨終の間際に、「いい人生だった」と思いたいのです。だから自分の幸せについて深く考えるようになりました。

私は若い頃、自分の幸せの形が曖昧でした。そのときは、自分だけが幸せになることを考えていました。イライラ、ムカムカすることやアンハッピーな出来事を1つでもなくそう、排除しようという発想でした。

ですがより真剣に考えると、**周囲を幸せにしていかないと、自分は幸せにならない**と気づきました。

人は起きている時間の80パーセントは何らかの形で人と関わっています。

なかでも恋人、夫婦など特別なパートナーはお互いに最も身近な存在であり、自分が幸せになるために鍵を握る相手です。

怒りは身近な人ほど強くなる傾向があります。

ＮＨＫの『あさイチ』という番組が、主婦を対象に「イライラの原因は何か」という調査を行いました。

多かった回答は、「子ども」「夫」「自分」でした。身近であればあるほど、接触回数が多ければ多い人であるほど、怒りは出やすいのです。

お互いがハッピーでいるためには感情をコントロールする必要があります。

自分の感情を自分でコントロールできれば、自分が変わり、パートナーが変わり、人生は変わります。

さあ、あなたも「男と女の怒らない技術」を学んでみましょう。そして、できればパートナーにも本書をお見せすることをおすすめします。

嶋津良智

第1章　なぜ「男と女の怒らない技術」が必要なのか

第2章 男と女の感情マネジメント

第3章 「伝える」と「伝わる」は違う

第5章 こだわること、こだわらないこと

第6章 コントロールできるイライラだけに目を向けよう

第1章

なぜ「男と女の怒らない技術」が必要なのか

「結婚というものは、本来、そのなかでまったく素質の違う男性と女性とが、お互いに相手を知り、異性的なものを自分のなかにとり入れて、それぞれ成長を続ける器である」

秋山さとこ（1923年〜1992年／日本の心理学者）

01 異質な他者と向かい合う

「男と女の怒らない技術」が手遅れの人たち

知人の男女、数人と話す機会がありました。

彼らの多くがパートナーに対するイライラや怒りを口にしていました。

ケンカが絶えない、相手に手を上げてしまったなど感情のコントロールができなかった人もいれば、反対に関係が冷めきってしまった人もいて、何のコミュニケーションもない仮面夫婦、必要なことだけしか口にしない業務連絡夫婦、そして不倫中の人や離婚して独身の人もいました。

彼らのなかには「いまが楽しければ、それでいい」と言いながら、時折弱気になって「もし自分が倒れたりしたら、看病してくれるのかな」「きっと独りで寂しい老後を送ることになるだろう」などと不安を口にする人もいました。

本心ではイライラしたり手を上げてしまったこと、口もきかないでいることに深い自己嫌悪を感じて「出会った頃のように仲良くしたい」「本当は私に興味をもってもらいたい」と語る人もいました。

夫婦の形は100組いれば100通り。**不満がない夫婦なんていない**のです。

妻が包丁を握って倒れている

ある男性の話です。

彼は妻との関係がうまくいかなくなり、結婚して半年ほどで離婚を考えるようになりました。

「最初はちょっとしたことだったんです。なんで休みの日は1日中ゴロゴロしているのか、とか。家にいるなら掃除くらいやってよ、とか。そのうちにだんだん面倒くさくなっていったんです」

妻のやることなすことにイライラし、妻も彼のあらゆる行動を事細かに非難しました。

ですが彼の心のなかに「結婚生活なんてそんなものだろう」という思いがありました。「子どもができれば夫婦関係は変わるのではないか」という期待もあったそうです。

しかし、淡い期待は裏切られました。やがて**子どもはできましたが、2人の関係は冷めたまま**でした。

「はた目には幸せそうに見えたと思います。公園で若い夫婦が、小さな子どもが砂遊びしているのを温かく見守っている、と。でも、私たちは子どもを見ながら別れ話をしていたのです」

男性は離婚話を切り出しましたが、妻は首を縦には振りませんでした。妻は両親の離婚を経験していたため、「どんなことがあっても離婚はしない」と頑なでした。

ある日、帰宅するとベランダでキラキラと光るものが見えました。ドアを開けてみると無数のコップや皿が割れていました。奥さんが叩きつけて割ったものでした。

「衝撃的でした。私がいないときにコップや皿をコンクリートに叩きつけていたんです。ガシャーンという音が聞こえてくるようでした」

あるときは妻が台所で包丁を握って倒れていました。

「でも、もはや心配するという気持ちにもなりませんでした。下手な芝居しやがって、くらいにしか思わないようになっていました」

男性は彼女がイヤでたまらなくなり、毎晩会社の同僚と飲み歩き、彼女が寝た頃を見計らって帰るようになりました。「帰宅したらまた妻が何かしているのではないか」と「帰宅恐怖症」のようになり、カプセルホテルを泊まり歩くこともありました。

それが妻にとっては余計にストレスとなり、**顔を合わせれば怒鳴り合いのケンカをする**ようになりました。

男性はそうした生活に耐えられなくなり、家を飛び出し、数年後に離婚しました。

彼は私にこんなことを言いました。

「いま思うと、**結局のところ私は彼女と向き合っていなかった**。妻は必死にメッセージを送っていたのです。コップを割ったり、包丁を握りしめて倒れていたり。私は彼女が発するサインに気づきながら無視していた。これは**彼女に対する甘えだと思うんです**」

なぜ、話をしなかったのか。

その根底には「夫なんだからわかるだろう」「妻なんだからわかるだろう」という甘えがあります。

その甘えを上手に受け止められればいいのですが、多くの場合、甘えられることに対しイライラしてしまいます。とくに彼のように**コミュニケーションから逃げてしまうとよいことはありません**。

時折、逃げることを「冷却期間を置く」と都合よく解釈する人がいます。しかし、逃げている間、2人の関係は急速に冷えていきます。逃げられると、過去のパートナーの言動を思い出しながら、イライラや怒りを募らせることもあります。話し合いを一方的に拒絶されたという思いも、イライラや怒りを増幅させます。

夫はシェアハウスの同居人

前の話のように、イライラや怒りが、暴力や別離など目に見える形で表れることもあれば、次の話のように、密かに潜伏し続けることもあります。

ある「幸せな家庭」を演じている夫婦の話です。

本当はもっと自由に生きたいのに、本音の会話をすることもなく、**相手に失望し、妥協しながらいっしょに暮らしている**というのです。

女性は「本当は離婚しちゃったほうがさっぱりするんでしょうけれど、マンションを共有名義で買ってしまったから面倒で」と言います。

不動産を購入した場合、その名義の登記については「単独名義」と「共有名義」の2種類があります。

単独名義とは購入した1人の名義で登記すること。一方の共有名義とは、1つの不動産を購入する際に共同で出資して購入した場合に、その出資した割合に応じた持ち分で登記すること。

共有名義で登記すると夫婦それぞれの収入に対して「住宅ローン控除」の適用を受けるなどのメリットがありますが、一方で離婚した際の財産分与の問題があります。

一方が売却を希望しても一方が売却を拒否して住み続けることを主張した場合、事実上売ることはできません。単独名義に変更する場合は、金融機関への連絡と承諾が必要で、2人で分けて組んでいた住宅ローンを1人で負担することになるかもしれません。

「結婚して20年になりますが、17年間セックスレスです。共通の友人からの情報で、夫に20歳以上も歳の離れた若い恋人がいるのは知っています。その女が、この部屋に上がりこんでいるのも知っています。

実は私も会社の部下と恋愛関係にあります。だからお互い様ともいえます。いっしょに食事をすることもないし、1カ月以上会話をしないことも珍しくありません。**私たちはシェアハウスの同居人のようなもので、お互いのプライベートには一切関与していません**」

別の夫婦には2人の子どもがいますが、「下の子が20歳になったら別れる」と決めています。

「私たちの会話はすべて子どもが仲立ちしています。『○○ってお父さんに言っておいて』『○○ってお母さんに言っておいて』という感じです」

死んだあとに去っていった妻

「はじめに」で「生まれ変わっても現在の配偶者と結婚したいか」という調査についてお話ししました。女性は20代の頃は「もう一度いまの夫と」という人が多かったのに対し、50代、60代になると32・4パーセント、33・3パーセントと極端に下ります。

これまで家庭を顧みない夫との生活に不満を持ちながらも、「給料を稼いでくれるから」と我慢してきた妻が、**定年をきっかけに「もう面倒はみないから」と宣言して、離婚してしまう**こともあります。

ある女性には、大手企業の部長職にある夫との間に2人の子がいます。「男は仕事、女は家庭」という考え方の夫に従い、よき妻であろうと努力してきました。

しかし、「それでいいのか」と思うようになったそうです。家事はすべて自分。夜遅くまで夫の帰りを待って食事の支度。ある日、夫に「俺のシャツはどこだ」と言われて「知らないわ」と答えたら、「ふざけるな。知らないってどういうことだ」と怒鳴られました。

それをきっかけに彼女は爆発しました。

「あなたが外で仕事をしていられるのは、私が子どもの面倒をみたり、食事を作ったり、買い物をしたりしているからよ」

離婚を決意すると成人していた子どもたちも応援してくれ、都内の小さなマンションで1人暮らしを始めました。昼間は水彩画を習い、夜は観劇やコンサートを楽しんでいます。

子どもが独立し、妻が去ってしまうと、男性が1人残されることになります。

ある男性は「毎日の家事がわずらわしい」と、3食ともコンビニで賄っています。

昼はコンビニ弁当。夕方はおでんとビールを買って晩酌。そのときに朝食分のおにぎりも買い、翌朝おでんの残りヅユといっしょに食べるのだそうです。

お金がないというわけではないのですが、「うまいものを食べたいとか、どこかに出かけたいという気力がない」という言葉を聞いて寂しくなりました。

ある男性は70歳で妻を亡くしました。長く連れ添った妻の死を悲しんでいると、お葬式の際、妻の妹たちが突然「遺骨をもっていく」と言い出しました。

「姉の遺骨はあなたには渡せない。姉はあなたといっしょのお墓に入るのはイヤだと言っていた」

そう言って妻の直筆の遺言状を見せられました。そこには確かに「死んだら実家のお墓に入りたい」と書いてありました。

義妹たちは奪うように遺骨を持ち去ってしまいました。後日何度も頼み込んで、ようやく少しだけ骨を分けてもらったそうですが、その際も義妹たちから「姉がかわいそう」と号泣されたそうです。

この人は奥さんを亡くした悲しみと同時に複雑な感情を抱えています。

「妻とはそれなりに仲良くやってきたつもりでした。妻を幸せにしてやったなんて思っていました。でも、そうではなかったみたいですね。こんな伝えられ方はつらいです」


さまざまな男女の話を聞きながら、私は2つのことを考えました。

まず、2人の人間である以上、2人の価値観は違うということ。まして男女なのだから、なおさらでしょう。

もう1つは、「だからわかり合えないのだ」と諦めてしまう人もいますが、やはりお互い向かいあって、話し合うことが大切だということです。**向かい合い、話し合いを避けた結果として別れがあります。**

父親同様に夫が早く帰宅すると思っていた妻

イライラは、価値観の違いから生まれます。

たとえば、何にでもきちんとしている人は、物事にゆるいパートナーが気になります。お金に細かい人は散財する人が気になります。時間を守る人は時間にルーズなパートナーが気になります。でも、それは自分の価値観に合わないからイライラしているだけです。自分のやり方に合わないからイライラしているだけです。

ある男性は「お互いが自分の思いや考えを押し付けているだけだった」と語ります。

彼は大学のテニスサークルで知り合った同級生と6年間の交際を経て結婚しました。彼女は結婚して専業主婦になりました。

妻は母親がバツイチ。母親は連れ子を抱え再婚。その男性との間に生まれた唯一の子どもでした。父親は9時～5時の近くの工場勤務で夕方5時半には帰宅して夕飯を食べるという家庭でした。だから女性は自分の結婚生活も「そうなる」とイメージしていたようです。

ところが彼と結婚して生活を始めたら男性が家に帰ってきません。

男性は仕事、付き合い、時にはキャバクラで遊ぶなど、毎日、夜遅くに帰宅しました。彼女が育ってきた環境からは理解できないことでした。

「そんなとき彼女の『どこに行っていたの？』『誰といたの？』『何をやっていたの？』

攻撃が始まりました。男性はもともと束縛されるのが嫌いな性格なので、すぐに関係が悪くなりました。

ある日、友達と飲んでいて『もう1軒行くことになったから』と彼女に電話すると、その瞬間、電話を切られました。その日はむかついて家には帰りませんでした」

女性は自分の価値観からすれば、定時で帰宅しない男性が理解できず、それが「どこに行っていたの？」という問いかけになり、**男性の立場では「なんでそんなことを聞いてくるんだろう」と思う**のです。

母親同様に妻が待っていてくれると思っていた夫

一方、男性も固定観念をもっていました。

男性の母親は父親が帰宅するまでは必ず起きていて、どんなに遅くなっても食事や風呂の世話をしていたそうです。男は仕事が何より大事、男をいかに気持ちよく仕事させるか、というのが妻の役目という考えをもっていました。

その姿が無意識に刷り込まれていたのでしょう。

女性から「遅く帰るなら鍵をもっていって」と言われたときに、「なんで自分の家に帰るのに鍵をもって出なきゃならないんだ。ピンポンって鳴らせばいいじゃないか」と言いました。

あるとき男性が深夜にタクシーで帰宅しました。現金もカードももっていなかったので、妻を起こそうとしましたが、ついに出てきませんでした。しかたなく身分証明書を見せて後日タクシー代金を支払うと約束しました。妻は見せしめのために家を留守にしていました。

そんなことを繰り返しているうちに離婚することになりました。

あとから彼がこんなことを言っていました。

「母は尽くすタイプで、父が会社に行く前に起きてご飯を作っていました。ゴルフに行くときも先に起きて準備しお弁当を作っていました。そういう家庭に育ったので、自分の妻にもそうしてほしいという気持ちが知らず知らずにあったのだと思います」

誰でも自分のなかに親の姿があって、目の前のパートナーと比較しています。でも当然ながら、自分の親と自分のパートナーは別の人間です。
「こうあるべき」と決めつけないことが大切です。**妻に求める役割、夫に求める役割なんてものはありません。**それは2人で話し合っていけばいいいことです。

結果を大切にする男性、プロセスを大切にする女性

私は脳科学者ではありませんので、これからお話しすることはあくまで私の実感ですが、**男と女は基本的に違う部分がある**と考えています。それは36ページの図版にまとめたようなものです。

たとえば、仕事の場面で言えば業務報告は男性スタッフと女性スタッフでずいぶん違います。

私は報告を受ける場合、結果が早く知りたい。ところが女性スタッフは最初のプロセスから事細かに説明します。

私は早く結果が知りたいタイプなので、「それで結局どうだったの」などと話をさ

えぎるクセがありました。するとあるとき、「怒られたように感じる」と言われました。女性にとっては結果に至るまでのプロセスが大切で、説明したい気持ちがあるのです。

私の知り合いの男性マネジャーに、女性部下の話を「聞くのがイヤだ」とはっきり言っている人がいます。

彼は女性部下が熱心に経過報告しているときでも「いいから終わりの部分だけ聞かせてくれ」とか、先回りして**「どうせ、こういう結末だろ」と答えを言ってしまう**のだそうです。そのため女性部下に**「そっぽを向かれてしまった」**そうです。

解決を大切にする男性、共感を大切にする女性

男性上司は女性スタッフとどう接していいか悩むというケースがあります。

女性が悩んでいると男性はすぐに問題解決しようとします。これはカップルでもそうです。

悩みを論理的に分析し、「これが原因だからこう解決すればよい」と答えを導き出します。

しかし、そんな必要ありませんし、やってしまうと、「うっとうしい」と思われます。

「相談に乗ってほしい」と言われても、答えを求めている女性は少ない。ただ聞いてほしいだけの人が多いのです。

男性同士の場合、「聞いてほしいだけの会話」はほとんどありません。自分のトラブルは自分である程度解決し、それができないときにアドバイスを求めます。そして目的、目標を決め、アクションプランを立てます。

女性の場合は、この方法が当てはまらないことがあります。

私は小学校のPTA活動に携わるようになって数年経ちます。

そこでママさんたちの様子、カフェやファミリーレストランでの女性たちの様子を垣間見ています。すると、話をしてはいるが、話題は次々に移り変わり、結論も出さずに終わってしまうことがかなりあります。私は「それいいの?」と思うのですが、

男女のエネルギー

相手のエネルギーを理解する

男性エネルギー	女性エネルギー
解決したい	わかってもらいたい
大きいことを小さく	小さいことを大きく
自由を体験したい	愛を体験したい
賞賛されたい	理解されたい
チャレンジが刺激	賞賛が刺激
空っぽになりたい	満たされたい

本人たちは「それでいい」と思っているのです。

男性は「考えていること」を口にしますが、女性は「感じていること」を口にするという特徴があります。

ですから女性部下をもつ男性上司は、まずは話をよく聞くことです。

そして「つらかったね」「大変だったね」と頷くと、「あの人は話を聞いてくれる」「私のことを受け入れてくれる」と関係が深まります。何かトラブルがあったと感じたら、いきなり解決しようとは思わずに、「どうしたの？」と声をかけ、話を聞くことです。

この関係性はパートナーでも同じです。

男性はいきなり問題を解決しようと思わずに、聞くことが大切です。

一方で女性は、「男性は問題を解決したくてたまらない気持ちをもっている」と理解してください。その気持ちを抑えて聞いているので、女性からは「話を聞いてもらってうれしい」という言葉があるとよいでしょう。

反対に、男性が悩み事を女性に相談するケースもあるでしょう。

女性から「大丈夫？」と声をかけられたものの、「大丈夫とは言ってくれるが、問題を具体的に解決しようとはしてくれない」と内心イライラするかもしれません。女性にとって問題は共感するものであって、解決するものではないからです。

02

なぜ男と女は向き合う必要があるのか

2人の人間である以上、思いや考えは2つ

感情マネジメントのセミナー講師としての経験を踏まえて、結婚式でよくする話があります。

「私の経験からお2人にお話をさせていただきますと、旦那様には旦那様の思いや考え、育ってきた環境があり、奥様には奥様の思いや考え、育ってきた環境があります。いま旦那様は理想の奥様像、理想の家族像を描いていることでしょう。奥様も同様に理想の夫像や理想の家族像を描いていることでしょう。

でも結婚後に、理想像とは違うパートナーに対し、

- なんで、あなたはこういうふうにできないの？
- なんで、こういうことをやってくれないの？
- なんで、こういうことができないんだ？

と思ってイライラしたり、口に出してケンカになることがあるでしょう。

言葉に出して、自分の希望を伝えるのはいいことです。

でも、お互いの思いや考えを押し付け合ってはいけません。夫はこうやってくれなきゃおかしい、妻はこうじゃなきゃおかしいと思って結婚生活を送ると危険です。

結婚したと同時に、夫婦共通の価値観を1つ1つ積み上げていくことが夫婦にとって大切です。

自分の思いや考え、相手の思いや考えがそれぞれあるのはいいことです。

でも、**2人の人間である以上、思いや考えは2つ**なのです。

それを押し付け合わず、擦り合わせ、夫婦共通の価値観を1つ1つ積み上げていくことが幸せのコツだと感じます」

幸せは自分から始まり、他者への貢献で終わる

私は一度しかない人生を幸せだと感じられるものにしたいと心の底から思っています。臨終の間際に、「いい人生だった」と思いたいのです。だから自分の幸せについて深く考えるようになりました。

私は若い頃、自分の幸せの形が曖昧でした。そのときは、自分だけが幸せになることを考えていました。イライラ、ムカムカすることやアンハッピーな出来事を1つでもなくそう、排除してしまおうという発想でした。

ですがより真剣に考えると、周囲を幸せにしていかないと、自分は幸せにならないと気づきました。

心理学者のアドラーは「人間の幸福は他者との関連性でしかあり得ない」と言って

います。

私は「幸せは自分から始まり、他者への貢献で終わる」と考えています。簡単な言葉で言えば、周囲から「ありがとう」と感謝されることで人間は幸せになります。

そうなると、**一番身近な存在であるパートナーが幸せでいることが大切**です。周りに対する思いやりをもったり、優しさをもったりすることができます。

その第一歩として、ヨーロッパ人に習って「男性を男性として扱う」「女性を女性として扱う」ことから始めてみませんか。

簡単にできることは、「パパ」「ママ」「お父さん」「お母さん」という属性で呼ぶのではなく名前で呼ぶことです。私はどんなときでも妻のことを名前で呼んでいます。

幸せのために男女は向かい合わなければならない

人は起きている時間の80パーセントは人と関わっています。

リアルでのコミュニケーションのほかに、メールやLINE、SNSなどさまざまなツールを使ったコミュニケーションも頻繁に行われます。

恋人、夫婦など特別なパートナーは**お互いに最も身近な存在であり、自分が幸せになるための鍵を握る相手**です。お互いがハッピーでいるためにどうしたらいいのかを話し合っていく必要があります。

そのためにも私は「お互いがハッピーじゃないと、ハッピーにはならない」ことを妻と共有し「お互いがハッピーになっていこう」と常々言っています。

長い人生を俯瞰してみると、夫婦が2人とも「心身ともに絶好調」という時間のほうが少ないのです。

健康状態、仕事の問題、親の問題など、2人いれば問題の数は物理的には2倍になります。

でも精神的には1人で対処するときの4分の1くらいの軽さになります。そのことをもっと「ありがたい」と思ったほうがいいでしょう。**お互いが不調なとき、トラブルが起きたときにいかに協力できるかが大事**です。

どんなに親しき仲にも礼儀は必要

私は自分の実家にいるより、妻の実家にいるときのほうが「居心地がいい」と感じるときがあります。それは妻の実家に「親しき仲にも礼儀あり」と感じたときです。

一方、実家には礼儀がないように感じることがあります。「実家なのだからとそれが当たり前じゃないか」言ってしまえば、それで終わりなのですが、そこは長年連れ添ったパートナーにも同じことが言えます。

礼儀の本質とは、相手を尊重し思いやる気持ち、相手に対する気遣いや心配りです。**礼儀は大切なパートナーの間にも家族の間にも必要**です。

「夫婦なのに気を使うのはおかしくないか？」

「恋人なのに気を使うのはおかしくないか？」

という人もいるかもしれませんが、円満の秘訣はそこにあります。

「親しき仲にも礼儀あり」で、相手の気持ちを察し、理解します。

気遣いや配慮がイライラしない関係をつくるコツです。

たとえば、小さなことでも「ありがとう」と言います。

私はよくセミナーなどで「パートナーが『ありがとう』と言ってくれない」と不満に思っている人から相談を受けます。

でも、自分はどうかを振り返ってみてください。

あなたはパートナーに感謝の気持ちを伝えていますか。2人でいる時間が長くなると、**当たり前のことが増えてきて、ついお礼を言わなくなってしまいます。**

相手にしてほしいことは、まずは自分から実践してみるとよいでしょう。

恋愛はファンタジー、結婚はリアリティ

なぜ、わざわざ価値観の違う人と暮らすのか、と考える人がいるでしょう。

でも、価値観の同じ人がいるということが幻想なのです。

「隣の芝生は青く見える」に似た感覚で、離れているから価値観が近いように見える

だけです。

向かい合って見れば、1人1人必ず価値観は違います。

恋人関係の男女は2人で同じものを見ています。デートで映画を見たり、旅行に言って美しい景色を見たりします。お互いを見つめ合うことが少ないため、楽しいし、傷つくことがありません。

夫妻になると、お互いに見たくないものまでも見えてしまい、つらくなるのです。

恋愛はファンタジーですが、結婚はリアリティです。

恋愛時代には相手の実態は見えていないのです。

恋愛時代にパートナーのおならを聞いたことがなくても、結婚すれば日常的に耳にします。

本当のコミュニケーションがスタートするのは夫と妻になってからです。

人間として社会的に生きていくということは、価値観の違う人と生きていくということです。

そもそも思った通りにいかないのが人生です。

1つでも思った通りにいかせるために頑張るから人生はおもしろい。

私の信条は「楽しみながら生きること」です。

「楽しむために生きる」のはイヤなのです。なぜなら「楽しむために生きる」というのは、つらいことや苦しいことに耐えるという感じがするからです。

いつか幸せにではなく、いま幸せな暮らしがしたい。

人生1回なのでつらいことや苦しいことも含めて、楽しみながら生きるという考えのほうが好きです。

ネガティブなことも楽しんでしまったほうが、結局、自分がハッピーになれます。

これは恋愛というファンタジーの世界では経験することが難しく、結婚というリアリティの世界だからこそ得られる黄金の果実なのです。

もしかすると近い将来、ロボットが自分にとって都合のいいパートナーになり、あなたの感情を感じ取りながら、何でも言うことを聞いてくれる時代がくるかもしれません。

しかし、それはあなたの感情の高揚がほとんどない世界でしょう。

イライラ、ムカムカというマイナスの感情もない代わりに、うれしい、楽しい、感激したというプラスの感情もありません。

つまらない人生です。

「適度なストレスがあるほうがいい」と言われます。

うまくいかないから、うまくいくよう頑張ろうと思うし、うまくいかないことがあるから、うまくいっていることが輝くのです。

第2章

男と女の感情マネジメント

「ある男女が日常生活において成功しない理由の1つは、彼らに人々と仲良くやっていく能力が欠けていることにある」

ジョセフ・マーフィー(1898年〜1981年／米国で活動したアイルランド出身の宗教家、著述家)

01 イライラしないと決めればイライラしない

感情マネジメントが幸せの秘訣

「男は金星から、女は火星からやってきた」

これはジョン・グレイ（パートナーシップに関する著書を多く出す、米国のベストセラー作家）の言葉です。

ある男性からこんな相談を受けたことがあります。

「カフェで旅行の計画について話をしていたら、急に彼女の機嫌が悪くなりました。『怒ってる？』と聞くと『怒ってない』というのですが、どこからどう見ても怒っているんです」

彼は地雷を踏んでしまいました。彼女の「怒ってない」を真に受けて、「なら、よかった。それで旅行なんだけどさ……」と会話を続けました。すると、彼女は「私、旅行なんて行かないから」と突然、席を立ちました。

「なんだ。やっぱり怒ってるんじゃん。なんで怒ってないって言ったの？」

「だから怒ってないって言ってるでしょ！　とにかく旅行は行かないから」

と本格的に帰ろうとしました。

彼もイライラして「おまえのようなよくわからない女とは俺だって旅行なんて行きたくない」というと、「だからあなたはクソ最低なのよ」と怒って帰ってしまったそうです。


彼女がどうしてイライラし、怒ってしまったのか。

それは私にもわかりません。

でも、もしかすると女性は自分にもっと関心をもってもらいたかったのかもしれま

ネガティブな感情

疲労感（過度な仕事による心理的な消耗感）

憂鬱感（自尊心や向上心などが失われ、やる気が起きない）

悲しみ（自分に取って大切なものが失われた）

不安（先行きが不透明で将来に期待がもてない）

罪悪感（自分の失敗によって後悔や自責の念を感じる）

羞恥心（他人からネガティブな評価を受ける）

怒り（他人の言動、考え方が許せない）

恐れ（目の前の脅威に臆している）

嫉妬（自分になく、他人にあるものが妬ましい）

羨望（自分になく、他人にあるものが羨ましい）

せん。

旅行の計画よりも、いっしょにいる時間を楽しみたかったのかもしれませんし、何か聞いてほしいことがあったのかもしれません。自分の気持ちを「見ればわかるでしょ！　いちいち聞かないで」と察してほしかったのかもしれません。

あるいは上の図のようなネガティブな感情を抱えていたのかもしれません。

イライラや怒りは感情が表に出たもので、その根っこには、別の第1感情があるものです。

第1章でお話ししてきたように、男と女がいっしょに時間や場所を共有すれば、イライラ、ムカムカするのは当たり前です。

まったく違う価値観が向かい合っているので、ある意味当然です。

ですが、そのイライラやムカムカは、あなた自身でコントロールすることができます。

イライラやムカムカなどの「ネガティブな感情」をゼロにすることはできません。

しかしながら、これらの感情をコントロールすることはできます。こうした感情がイライラの原因になっていることもありますから、コントロールしていくことが幸せな人生を歩む秘訣です。

自分の感情は自分で選べる

『夜と霧』（ヴィクトール・E・フランクル／みすず書房）という本があります。

精神科医であり心理学者である著者が、ナチス強制収容所での実体験をもとに考察したものですが、この本のなかに次のような一節が登場します。

「あらゆるものを奪われた人間に残されたたった1つのもの、それは、与えられた運命に対して自分の態度を選ぶ自由、自分のあり方を決める自由である」

これは、どんな極限状態にあっても、自分の感情をどう表現するかは自分自身で決めることができるということです。

イライラやムカムカは、相手に与えられたものではなく、自分で選んでイライラ、ムカムカしているのです。

たとえばAさんに「おまえバカだな」と言われてイライラするとします。

でもBさんに同じことを言われたら、まったくイライラしないという経験はあるでしょう。

ですが、別の日にBさんに同じことを言われたら、今度はキレてしまうかもしれません。

これはあなた自身が自分で感情を選んでいるということです。**相手によって感情を選んでいる**のです。

22ページでパートナーに暴力をふるってしまった男女の話をしましたが、これも決して、「相手のせいで殴った」わけではありません。

自分が相手を殴ろうという明確な意思決定のもとに行動を起こしているのです。他人のせいにして自分を正当化してはいけません。それは逃げているだけです。

日々襲ってくるネガティブな感情によいも悪いもありません。

むしろネガティブな感情は、人間が生きていくうえで非常に大切な感情の1つです。でも、その表現方法には「よい」「悪い」があって、それを決めているのはあなた自身だということです。

私は**「イライラ」「ムカムカ」のうちの8割は不必要なもの**だと考えています。

この8割の不要な感情の乱れは少しずつ減らしていきます。そして**必要な2割の感情については正しく表に出していきます。**

誰の心のなかにも自分なりの枠がある

では、なぜ人は感情が乱されるのでしょうか。

それはあなたの「心のなかの枠」が原因です。

枠とは「価値観」「自分なりの常識」「固定観念」「想定」「期待」「思惑」などです。

心の枠の数や大きさは人それぞれです。

たくさんもっている人もいれば少ない人もいます。1つ1つの大きさも小さい人もいれば、大きな人もいます。

日常生活を送っていると、心のなかに目に見えないボールが飛んできます。

ボールとは、相手の言葉や態度です。

それが心の枠のなかにすっと収まれば、心は穏やかなままです。あるいは「そうだ、その通りだ」と同意することもあるでしょう。

イライラや怒りにつながりません。

ところが、言葉や態度が心の枠の外に来ると、イライラや怒りにつながります。

私は学生時代、ハードロックバンドのボーカリストでした。ハードロックが好きな人からは「魂を揺さぶられた」「刺激的だった」と言われますし、そうでない人には「耳障り」「やめてくれ」と言われたことがあります。

音楽は同じでも「心の枠」によって受け取り方が違っていました。

「心のなかの枠」とは「価値観」「自分なりの常識」「固定観念」などだと前述しましたが、それは端的に言えば「〇〇すべき」というマイルールです。

このマイルールが守られないと感情は乱れます。

「〇〇すべき」が多いと感情を乱される頻度が増えます。

「〇〇すべき」の数が少なくても、1つの強度が強いと感情が乱される頻度は増えます。

あなたのなかにもマイルールがあるはずです。

第1章でお話しした「夫は早く帰宅していっしょに夕食をとるべき」「妻は夫の帰宅まで起きて待っているべき」もマイルールです。

「心のなかの枠」の大きさはいつも変わっている

枠の大きさは、いつも同じではありません。絶えず膨らんだり縮んだりり。気持ちや体調の変化で、枠は大きくなったり小さくなったりします。

数も同じではありません。増えたり減ったりします。

たとえば、疲労と空腹にも大きく関係します。やさしさや思いやりは余裕がないと生まれません。だから私は「怒らない技術」の究極奥義は「寝る」だと思っています。

疲れてイライラするのは、脳が疲れてしまっていて、相手に対して思いやりがもてなくなっていたり、細かい作業をするのがイヤになってしまっているのです。

一晩ぐっすり寝て、脳がリフレッシュすると、「いったい何でそんなことでイライラしていたのだろう」と思うこともよくあります。

ですからパートナーと**「イライラしてきたら休もう」ということを共有しておく**ととてもよいのです。相手がちょっとイライラしてきたなと思ったら、「少し横になったら」と言葉をかけてあげてください。

枠が大きく膨らんでいれば相手の言葉や態度は、ほとんど枠のなかへ入ります。

枠が縮んでいたときにイライラや怒りの対象だったことでも「取るに足らないこと」になります。

反対に何かの拍子に枠が縮んでしまうと、普段気にならないことでもイライラや怒りの対象になります。

パートナーに言われた「馬鹿だなあ」が愛情をもった言葉に聞こえたり、蔑みの言葉に聞こえたりします。

つまり、遭遇している出来事は同じでも、そのときの気分や体調によって受け取り方は変わります。受け流せることもあれば、キレて怒り出すこともあります。いずれにしてもイライラや怒りがあなたの心の枠の広い狭いによって決まります。

怒らない技術を身につけて、枠を広げることができれば、感情の乱れを減らすことができます。

イライラは相手が「与える」もの？

パートナーに対してイライラしたとしましょう。

「この人はどうして私がイライラするようなことばかりするのだろう」

そう思うかもしれません。

つまり、相手が自分にイライラや怒りを「与える」気がします。

でも、そうではありません。

じつはパートナーの言葉や行動に反応して、あなたが「イライラする・しない」「怒る・怒らない」を選んでいるのです。

「こんなことがあった。だから怒る」

「こんなこと言われた。だからイライラする」

などと相手の行動や言葉を自分の感情に結びつけて、怒ったり、イライラしたりしています。

でも、出来事そのものには意味がないのです。

出来事に意味づけをしているのは、じつはあなたです。

実際にはどんな出来事もあなたの感情を乱すことはできません。

そこには「怒らない」「悩まない」「落ち込まない」という選択肢があるからです。

それにもかかわらず、あなたが「怒る」「悩む」「落ち込む」という選択をしているのです。

「責任」は英語で“responsibility”と書きます。これは“response”(反応)と“abilty”(能力)からなる言葉です。

ですから反応+能力が責任だということです。

これはどういうことでしょうか。その人が自らの能力のなかで反応したことが責任ということです。

イヤなことが起きたとき、ついつい他人のせいにしてしまうでしょう。じつは、すべて自分の責任なのです。

「イライラしない」という選択肢があったはず

出来事そのものには意味がないのです。あなたの受け取り方がすべてを決めています。

オー・ヘンリーの代表作に『賢者の贈り物』があります。

貧しい夫妻が相手にクリスマスプレゼントを買うお金を工面しようとします。

妻のデラは、夫のジムが祖父と父から受け継いで大切にしている金の懐中時計を吊るす鎖を買うために、自慢の髪を、髪の毛を売る商人の元でバッサリ切り落とし、売ってしまいます。

一方、夫のジムはデラが欲しがっていた鼈甲《べっこう》の櫛を買うために、自慢の懐中時計を質に入れていました。

この話が美しい話として成立したのは、夫妻の出来事の受け取り方がよかったからです。

お互いの思いやりという「賢者の贈り物」にフォーカスしたから愛を深めることができました。

もし「せっかく私が髪を切ったのに」「せっかく私が時計を売ったのに」などと「自分の思い」にだけフォーカスしたら、イライラどころでは済まなかったでしょう。ジムとデラは破局していた可能性もあります。

何度も繰り返しますが、目の前の事実、起こった出来事には意味がありません。

それを、怒る理由にもできるし、怒らない理由にもできます。

落ち込む理由にもできるし、落ち込まない理由にもできます。

そして、人を愛する理由にもできるのです。


私は結婚当初、妻に対してイライラしてしまうことがありました。

そこで、怒らないと決めることにしました。いままでは私は怒りに感情を支配されることはありません。ここは怒ったほうがいいなと感じたときに意識して怒ることはたまにあります。

もしイライラすることがあっても、その感情をぶつけることはほとんどしません。

私は日頃から妻に、

「怒るか怒らないかは自分が決めているんだよね。僕は怒らないと決めている」

「議論をするのは歓迎だけど、感情をぶつけ合っても何も生まないよね」

と言っています。

彼女もそれを理解してくれているので、いまはほとんどケンカをすることはなく、何かあったら話し合うようにしています。

幸せはどこからやってくるのか

幸せはあなたの心のなかにあります。

幸せとは、他人から幸福に見えることではありません。自分が幸せだと感じる状態のことです。

あなたが幸せかどうかはあなた自身が決めることです。男女2人の幸せはあなたとパートナーが決めることです。

そのためにも「幸せになるための話し合い」が大切になります。

では、怒りや悩みはどこからやってくるのでしょうか。

あなたの許可なくして、誰もあなたを怒らせることはできません。幸せ、楽しい、落ち込む、つらい、苦手、傷つく、劣等感、自信、すべてあなたの問題です。

では、パートナーに心を乱されるとはどんな状態でしょうか。

それは相手に心を奪われてしまっている状態です。

自分の心が相手に支配されている、要は自分の心がパートナーにコントロールされてしまっている状態です。

私はいまほとんど怒らないし、悩まないし、落ち込まない。自分の心のハンドルは自分で握ると決めているからです。

02
感情マネジメントのためにフォーカス（焦点）を変える

マイナスに心を握られていないか

感情マネジメントの方法は3つあります。

1つ目はフォーカス（焦点）を変えることです。

物事は、どこをどのように見るかで見え方がまったく変わります。

たとえば、あなたが買ってきたドーナツにかじられた跡があったとします。

かじられた部分にフォーカスすると「誰だ！　ドーナツを食べたのは！」と思いますが、残っている部分にフォーカスすると「全部食べられなくてよかった」と思えます。

単純な話に感じるかもしれませんが、日常生活のイライラの原因にも似たことが多いのです。

「はじめに」でご紹介した通り、かつての私は「恐怖」「脅迫」「ドッキ」のＫＫＤマネジメントで部下をまとめようとしていました。上司が部下にできる最大の貢献は、部下に目標達成させてあげることと考え、部下に目標を達成させるためなら、どんなことをしても構わないと信じていました。毎日、イライラしながら不機嫌な表情で部下を見回し、何かあれば「馬鹿野郎！　やる気あるのか！」と叫びまくり、ペンを投げつけ、怒りを示すために事務所のゴミ箱を蹴っ飛ばしていました。

当時は、部下の遅刻にも厳しく対応していました。遅刻した部下を怒鳴り、吊るし上げていました。

でも、あるときからやめました。

フォーカスするところを変えたのです。

それまでは遅刻した部下にフォーカスしていましたが、時間通りに出社して頑張っている部下にフォーカスするようにしました。

遅刻した1人にだけエネルギー・労力・時間を使い、すでに一生懸命働いている49人に、それらを使わないのは申し訳ないし、合理的ではありません。

さらに**なぜ遅刻者に厳しかったのかを振り返ると、それは自分自身の恐怖心**だとわかりました。

遅刻者を許したら、きちんと出社した部下のなかに「叱られないなら、自分も多少遅れても大丈夫だろう」と考える人が出て、組織の秩序が乱れるのではないかと恐れていました。

もっと部下を信じていいし、さらに遅刻して一番まずいと思っているのは本人だから自己反省を信じ、いちいち叱るのをやめようと思いました。

その結果どうなったか。

遅刻者は増えることもなく、減ることもありませんでした。ただし、1人に対して私が怒鳴り散らすことがなくなったため、**49人は気分よく働けることになり、全体としてはプラス**に働きました。

また、とても感動した話があります。「ソウル・サーファー」という映画のモデルになったある実在の女性サーファーの話です。

ベサミー・ハミルトンさんは、ハワイで生まれ育ち、サーファーである両親と兄に囲まれ、幼い頃からプロのサーファーになることを夢見ていました。13歳のとき、悲劇が彼女を襲います。いつものようにサーフィンをしていると、サメに襲われ、左腕を失ってしまうのです。全身の血液の約60%を失う重傷でしたが、1カ月も経たずにサーフィンに復帰、のちに全米アマチュアサーファーの大会でチャンピオンに、またプロのシリーズにも出場するようになりました。

彼女がインタビューのなかで、「片腕を失ったことについてどう思うか?」という質問に、こう答えていました。

「片腕を失わなければ、こんなにも注目されることはなかったし、映画にだってならなかったわ」

悲劇すらパワーに変える、彼女のフォーカスする力に心を打たれました。

パートナーのマイナスは自分のマイナスの投影図

フォーカスの当て方はとても重要です。

実際には大部分がOKなのに、マイナス部分だけを強烈に意識してしまい、それがイライラの原因になっていることが多いのです。

マイナスに心を握られている状態です。

パートナーに「してもらっていること」を忘れ、「してくれなかったこと」だけが気になってイライラするというのも同じです。

たとえば、夫が服を脱ぎ散らかした（でも大抵は洗濯カゴに入れている）、妻がお弁当を作ってくれなかった（でもほぼ毎日作ってくれる）ことにとらわれてイライラするのはもったいないと言えるでしょう。

では、なぜパートナーのマイナス部分が目につくのでしょうか。

それは、あなたにも同じような要素がある、もしくは、過去のあなたがそのような

欠点をもっていたということです。たとえば、

「遅刻して失敗したことがある」

「掃除をしようと思っているのに、どうしても継続できない」

などなど。

とくに心に余裕がないときに、相手のマイナスが際立って見えます。

もし人の欠点ばかりが気になるなと感じたら、一度立ち止まって相手と自分の要素をよく観察してみてください。

何かしらの共通点が見つかるはずです。つまり**相手にイライラしているわけではなく、自分にイライラしている**のです。

出来事にフォーカスする

人ではなく出来事にフォーカスすると、ものの見方が変わります。

たとえば、コンビニのレジ係がもたついているために、イライラしたことのある人

は多いでしょう。

ですが、コンビニのレジ係の人柄までわかってイライラしているわけではありません。レジ係が本来すべき仕事がスムーズにできていないことにイライラしているのです。つまり、レジ係にイライラしているわけではなく、レジ係の仕事にイライラしているのです。

これが出来事にフォーカスするということです。**「あなたがダメなのではない。あなたの作業がダメなのだ」**ということです。

妻と結婚する前、初めて旅行に行くことになりました。

ですが、待ち合わせの時刻になっても彼女が来ません。

私はもともと短気なので、時間通りに彼女が現れなかったときから、すごくイライラしていました。当時は携帯電話がまだ一般的ではなく連絡もとれません。

30分過ぎた頃、

「頭にきたから帰ってしまおう」
「来たら怒鳴り散らしてやろう」

という気持ちになりました。
ですが1時間が過ぎると、あまりにイライラしている自分を見つめる余裕が生まれました。

「なんでこんなにイライラしているのだろうか」
「頭にきたら帰ればいいのに、まだここで待っているということは、自分は彼女と旅行に行きたいんだよな」
「いまは彼女が遅刻したことだけを考えているけど、本当に考えなくてはいけないのは、どうしたら彼女と楽しい旅行をできるかだろう」

そうするとイライラしていてもしかたがないと思うようになりました。

そして、2時間後に彼女がやってきたときには自分でも不思議なくらい落ち着いていて、

「大丈夫だった？　何かあった？」

と話しかけることができました。

「せっかくあなたと旅行に行くのだから、服を選んだり、お化粧をしていたら遅くなってしまった。ごめんね」

それを聞いて正直「服選びに2時間もかかるのか」と内心思いましたが、そこにフォーカスしたらまたイライラするので、**「いっしょに旅行に行きたい」という本心にフォーカス**をし、「そうか」「会えてよかったよね」と答えました。

そのおかげで楽しい旅行ができました。

もしイライラしたままで、彼女の顔を見た瞬間に怒鳴り散らしていたら、旅行に行かなかったかもしれません。仮に行ったとしても楽しいものではなくなってしまったでしょう。

そうなると、彼女と結婚しなかった可能性が大です。

イライラを収めるか、イライラを爆発させるかで、人生は変わる可能性があるということです。

相手の言葉をポジティブに受け取る

日本人は近くにいる人のことをネガティブに受け取りやすい傾向があります。そして、謙遜の感情をともないながらそれを口に出します。たとえば、

「素敵な奥さんですね」

「いや、そんなことないんですよ。全然気が利かなくて」

「素敵な旦那さんね」

「外面がいいだけよ。家ではグータラなんだから」

などと、謙遜の気持ちもあって、マイナスの情報を発信してしまいます。

あるとき海外の友人に、

「なぜ日本人は大切なパートナーや家族のことを悪く言うんですか。自分の国では信

じられないことです。絶対にやめたほうがいい」

と言われたことがありました。

私もそう思いました。

パートナーや子どもが褒められたら「ありがとう」と答えればいいのです。

それから友人や知人がパートナーや家族について話すのを注意深く聞いてみたのですが、確かにマイナスの情報を発信していることが多いのです。

私も知らないうちに、妻のやることや言うことをネガティブに受け取っているかもしれないと思って、あえてポジティブに受け取る訓練を始めました。いま妻とのコミュニケーションでは、彼女の言うことを極力ポジティブに受け取るように意識しています。

たとえ、悪い言葉であったとしても、「これはポジティブに受け取るとしたら、どんな受け取り方になるだろう」と頭のなかで整理し、「もしかしたら、別の気持ちで言ったのかもしれない」などと受け取り直しています。これについては87ページの「パートナーの反応が悪いときはこんな言葉を」という項目でお話しします。

パートナーの長所を50個書き出す

紙と鉛筆を用意して、相手のよい部分を50個、書き出してみましょう。

いっぺんに書くのは無理でしょう。たとえば1日に1個ずつ、相手のことを見ていて気づいたことを書いてみます。

たとえば「朝食においしいご飯を作ってくれる」「お疲れさまと笑顔で出迎えてくれる」「ビールを冷やしておいてくれる」などと振り返ってみましょう。

昔のことでもよいので、思い出したり、気づいたことなどを書き残しておけば、やがて50個書くことができます。1週間に1つずつ書いていったとしても、1年あれば完成します。

できあがると素敵な宝物になります。

これを時々見返します。とくに**イライラしたときにはこれを見ながら、いろいろなことを思い出します**。すると

「なんでいま、こんなにイライラしているんだろう」

と思うかもしれません。

妻が私の長所を50個ピックアップしてくれたことがあります。

「記念日を大切にしてくれる」

「いつも私のことを気にしてくれている」

「仕事を一生懸命にやる」

などと、50個もの私の長所をあげてくれたのです。

これは本当にうれしかったです。

私も「妻への感謝が薄らいできたのではないか」と思うことがあり、反省の意味もこめて、妻の長所を50個あげてみました。

正直、50個あげるのは大変でした。でも、妻のいいところを見直すきっかけになったと思います。妻がしてくれている「当たり前」に目を向けることができて、改めて感謝しました。書いたあとは、ケンカをしても、「彼女にはこんないいところもあるんだから……」とつぶやいたりしています。そして、「これから長い付き合いになる

お互いの長所を50個書き出してみる

妻が書いてくれた私の長所50個

1.物事をよく考える/2.平等である/3.相手のことを中心に考える/4.冷静/5.歌がうまい/6.バランスを保つのが上手/7.清潔/8.几帳面/9.正しく考え行動する/10.計画性がある/11.食事に気をつけ野菜中心の食生活/12.感謝の気持ちを人に伝える/13.怒らない/14.人の話をよく聞く/15.有言実行する/16.時間をつくって運動を心がけている/17.歯医者に6カ月に一度検診に行く/18.人を喜ばすことが上手/19.愚痴をこぼさない/20.噂話をしない/21.親思いである/22.やさしい/23.努力家である/24.常に前向きに考える/25.時間に正確である/26.夫婦の記念日を必ずやってくれる/27.年に一度プレゼントをくれる/28.年に3回くらい海外旅行に連れてってくれる/29.夜遅くなる場合は必ず連絡をまめにくれる/30.DVD予約はすべてやってくれる/31.食事がなかった場合、イヤな顔せずに対応してくれる/32.何かあった場合、すぐに相談してくれる/33.コミュニケーションをとるように努力してくれる/34.実家にまめに帰るように時間をつくる/35.時間が空いたらお墓参りに行く/36.無駄遣いをしない/37.常に見ていてくれる/38.褒めるのがうまい/39.カッコつける/40.やらなくてならないことはその日のうちにやる/41.運転が上手/42.情報入手するのが早い/43.勉強家である/44.些細なことほど解決することを考える/45.仕事ができる/46.安心して見ていられる/47.信用信頼がもてる人だ/48.心が広い/49.アイデアをたくさんもっている/50.考え方が自由で広い

私が書いた妻の長所50個

1.靴を磨いてくれる/2.ご飯を作ってくれる/3.掃除をして家をいつもきれいにしてくれる/4.一緒に家でお酒を飲んでくれる/5.洗濯を溜めずにすぐしてくれる/6.健康に気を使って健康診断を年に1回受けてくれる/7.散財しない/8.明るい/9.冬には寝る前に布団乾燥機をかけて温めておいてくれる/10.シーツを定期的に変えて清潔にしてくれる/11.小言を言わない/12.仕事を好きにさせてくれる/13.仕事を手伝ってくれる/14.美人/15.スタイルがいい/16.親を大切にしている/17.姉妹の仲がいい/18.人に気遣いができる/19.テニスやジムで健康に気を遣っている/20.言いにくい厳しい指摘をしてくれる/21.一緒に飲みに出かけてくれる/22.デートしてくれる/23.お風呂を沸かしてくれる/24.いつも後回しにせず茶碗を洗って台所を綺麗にしてくれる/25.何か問題が起きたら話し合ってくれる/26.お墓参りに定期的に行ってくれる/27.車の運転がうまい/28.方向感覚に優れている/29.朝、玄関で見送ってハグをしてくれる/30.朝、窓を開けて空気の入れ替えをしてくれる/31.トイレをいつも綺麗にしてくれる/32.いつも笑顔でいてくれる/33.何かあったら相談してくれる/34.字がうまい/35.やさしい/36.子どものバスケの送り迎えをしてくれる/37.子どもを愛してくれている/38.子どもが寝付けないと一緒に寝てくれる/39.愚痴を言わない/40.平日夜遅く帰っても気持ちよく迎えてくれる/41.一緒に買い物をして服や持ち物を選んでくれる/42.やっている仕事を認めてくれている/43.褒めてくれる/44.友人・知人に旦那の愚痴を言わない/45.ビールを冷やしておいてくれる/46.必要な時お弁当を作ってくれる/47.何でも食べる（好き嫌いがない）/48.美的センスがある/49.家で口数が少ない僕の代わりにいろいろ話をしてくれて助かる/50.話を遮らないで聞いてくれる

んだから仲良くしよう」という気持ちになりました。

取り組むのは大変ではありますが、それ以上の効果をもたらしてくれると実感しました。

この方法はパートナーだけでなく会社の上司や同僚、取引先の担当者などあらゆる人に有効です。

その人との関係がこじれてしまったときに、イライラを抑え、相手の長所を書き出していきます。

トラブルの直後に相手の長所を考えるのはなかなか難しいので、一晩寝たあとでもいいと思います。相手の長所を考える動機づけとして、「自分のためにやるのだ」と思ってもいいでしょう。それでラクになれるならいいと思います。そして、長所を考えるようにします。

そうすると人間関係が変わっていきます。相手の長所を見ていると、なぜ関係が悪くなってしまったのかが見えてきます。

ある夫はいつも姑の肩をもちます。それが妻のイライラの種になっています。

そこで「頑張って」夫のよいところを書いてみることにしました。

- 細かいことに気づく
- 弱いものに対してやさしい
- 受けた恩を返そうという気持ちがある

などが上がりました。

女性はこんな話をしてくれました。

「見方を変えれば、それだけ『愛されて育った』ということに気づきました。愛情深い家庭で育ったから、誰に対してもやさしい気持ちをもっているし、それを具体的な行動で表してくれます。その父親の姿を息子は見ています。息子も彼に似て、母親を大事にしてくれる人に育つと思います。そうなると私はとてもうれしいですね」

目の前の事実は同じでも、考え方次第でハッピーになります。

03 言葉の使い方を変える

プラスの言葉が事態を好転させる

昔から優れた人は言葉を上手に使ってきました。

それは**「言葉」が「現実」をつくる**ということを知っているからです。

言葉は感情マネジメントには欠かせません。

人は言葉を食べて成長します。自分自身が発する言葉、他人が発する言葉に、人は気づかないうちに影響を受けています。

自分が使っている言葉、周囲の人が使っている言葉にも注意深く意識を向けてみると、とても興味深い事実が見えてきます。

まず、**運のいい人、あるいは自ら運命を切り開いている人は、プラスの言葉を発しています。**

たとえば突然パートナーに「部屋の掃除を今日中にやってほしい」と言われたとします。

そのとき、あなたは心のなかでどんな言葉を発するでしょうか。「イヤだな」「面倒だなあ」という言葉を発するでしょうか。

それとも、「よし、たまには体を動かしてみるか」「できるところから順番に片付けていこう」と言うでしょうか。

プラスの言葉を発していると、物事が好転するようになり、結果もともなってきます。

反対に「無理だ」「できない」とマイナスの言葉を発すればイライラして、おそらくその言葉通りの結果をもたらすでしょう。

言葉には人生（未来）を変える力があります。

ある初老の女性からこんなことを聞いたことがあります。

この人は旦那さんが出かけるときに「気をつけていってらっしゃい」と言わないそうです。それは「気をつけてと言われると、相手が不安な気持ちになるから」だそうです。

この女性は「いってらっしゃい。よい1日を」とマイナスイメージのあいさつをプラスに置き換えるようにしています。

私も息子が学校へ出かけるときには「今日も1日楽しんで！」と言って送り出します。寝るときには「いい夢見ろよ！」と言っています。子どもは私に「パパ愛してるよ。いい夢見てね」と言ってくれます。

難しい状況にぶつかったらこんな言葉を

一方で、怒ってしまったときや、落ち込んでしまったときのために**「魔法の呪文」をあらかじめ用意**しておきます。

魔法の呪文を唱えることで、自分を勇気づけたり、納得させたりすることができます。イライラや怒りの種類に応じて、あらかじめ魔法の呪文を用意しておくと、いざというときに便利です。

たとえば非常に難しい状況になってイライラしてしまうような場合に備えて、

- きっといい方法があるはずだ
- きっと神様が私を試しているにちがいない
- キレたら負け。落ち着け
- 人生なんて思った通りにいかないことの連続。これもそのうちの1つか
- これはちょうどいい

などを用意しておくのです。

そして、イライラしたり、怒ってしまいそうなときにつぶやいてみます。

そうすると感情系が優位になっていた脳が、思考系優位に戻ってくるのです。

私自身がよく使っているのが、**「これはちょうどいい」**です。

イライラするような出来事が起きたら、あえて「これはちょうどいい」と頭に浮かべたり、つぶやいたりします。

人間の脳は不思議なことに「ちょうどいい理由」を探し始めます。

パートナーの反応が悪いときはこんな言葉を

人は努力が報われないときにイライラしやすいものです。そんなときに使える魔法の言葉もあります。


「努力は報われない。でも努力を続けないと奇跡は起きない」

「毎日の積み重ねが必ず実を結ぶ」

「人生に無駄なし」

「いつか、どこかで、必ず報われる」

「確かな一歩の積み重ねでしか遠くへは行けない」

また、パートナーの反応が悪かったり、意に反した反応があった場合には、「きっと何か理由があるはずだ」と唱えます。

「盗人にも五分の理を認めよ」と言われます。これは泥棒にも盗みをしなければならない理由が五分くらいはあるということです。**目の前の相手の言動にもそれなりの理由がある**のです。

パートナーの言動にイライラした場合、どうしてそのような行動や発言をしたのかを考えましょう。

自分なりに覚えがあるなら、

「いまの発言には、この前のあのことが関係しているのかな」

と聞いてみましょう。わからなかったら、

「どうしてそんなことを言うの？」

と理由を聞いてみましょう。

放っておくとイライラが溜まっていきますから、その前に原因を摘み取っておくのです。

また、落ち込むくらいの失敗をして、自分にイライラすることもあるでしょう。そういうときには、

「過ぎ去ればすべて過去……」

「忘れることは神様が与えてくれたプレゼントだ」

がおすすめです。

魔法の言葉をもつというスキルを普段から何気なく使っている人は多いでしょう。

私の知り合いには失敗したときに「ドンマイ」「ネクストチャンス」などと言う人がいます。

何気なくやっていることを、意識して使い始めると強力な武器になります。

言葉はお金がかかりません。

誰の許可もいりません。

自分次第でコントロールできるものです。

言葉は使い方によって魔物にもなるし、強力な武器にもなります。

私は最近セミナーでこんな話を冗談半分、真面目半分でしています。

「最近妻に対してイラッとしたときに、自分に投げかけている言葉があります。それは『愛とはパートナーのすべてを受け入れること』です。そう自分に言い聞かせて生きています」

会場に詰めかけた多くの男女は、にこやかに笑いながらもうなずいてくれています。

ここで1つ、言葉を変えたことで大きな変化があった実例をご紹介します。

私のクライアントの社長さんなのですが、数年間、業績が横ばい状態が続いていました。そこで社長さんが講じた策は、「会社で『ご苦労さま』『お疲れさま』と言うことを禁止する」というものでした。

「会社は、苦労をしに来たり、疲れるために来るところではない」というのがその理由でした。

結果、会社の業績は向上。言葉にはそれだけ影響力があるのです。

04 体の使い方を変える

「明るい顔、明るい声」は「明るい顔、明るい声」を呼ぶ

起業してしばらくした頃、思うような業績が上げられず、悩んでいた時期がありました。社内を見渡しても、社員に元気がなく活気が感じられません。

ふらりと街に出ました。

渋谷のカフェでどうすれば業績が上がるのか、社員を元気づけるにはどうしたらいいかと考えていました。

でも、解決策がまったく思い浮かびませんでした。

途方に暮れて駅の階段を降りているとき、「社長」と声をかけられました。

以前、私の会社で働いてくれていた女性スタッフでした。

気心の知れたスタッフで、私も弱っていたせいか、カフェで現状を説明して気持ちを吐露すると、

「失礼だけど、いまの嶋津社長には誰も付いていかないと思います」

と言われました。

「私が一番悩んでいます。私は一生懸命考えています。私は頑張っているのに部下はまったく動きません。そんなメッセージが全身からバリバリ出ていますよ」

正直慰めてくれるのかと少し甘えていたのですが、痛いところを突かれました。

何をしていいのかわからなかったのですが、とにかく元気を出すことから始めてみようと思いました。

ナチュラルな感じだった前髪を、近くのビルのトイレに入って、ドラッグストアで買ったムースとブラシで整えました。そして早足でオフィスに戻り、大きな声で「お疲れさん」と皆に声をかけました。

つまり、**体の使い方を変えた**のです。

これですぐに会社の業績が急上昇したわけではありませんが、体の使い方を意識し始めると、**少しずつ会社の雰囲気がよくなっていきました。**

- プラスの感情をもちたければ、まず態度から改めること
- 胸を張って、大きな声であいさつすること
- 明るい顔、明るい声は幸せを呼んでくる

そうしたことの大切さを学んだ出来事でした。

じつは駅の階段を降りているときに「社長」と声をかけてくれた女性は、現在私の妻になっています。私にとっては大恩人ということになります。私の話をきちんと聞いてくれる力、状況をきちんと判断してくれる力、私に率直に意見してくれる力、すべて彼女の大きな長所です。

妻と何かあるたびに、私はこのことを思い出します。すると大抵のイライラはすぐに収まってしまいます。

むかつきながら拍手をできないのはなぜか

セミナーで参加者の発表が終わると、必ず「お互いの発言を承認する意味で、みなさん拍手をお願いします」と言って拍手してもらいます。

その後「体の使い方」の話になったとき、「このセミナーではポイント、ポイントで拍手し合いました。それはなぜだと思いますか？」と尋ねます。

拍手はどういうときにしますか？

反対にどういうときにはしませんか？

むかつきながら拍手をする。

悲しくて拍手をする。

落ち込んで拍手をする。

そんな人はいないでしょう。もしするとしたら自分の感情に反して意図的に拍手をしているのです。

基本的に拍手は「おめでとう」とか「頑張れ」とか、ポジティブなときにするものです。

セミナーでは、私は拍手によって参加者の状態管理をしています。拍手をすることでポジティブな気持ちになるのです。

スキップも同じです。スキップしながら怒ったり泣いたりできません。スキップも基本的にポジティブな感情のときにやるものです。

心のあり方は行動に影響を及ぼしますが、逆に、行動が心のあり方に影響を及ぼすこともあるのです。

落ち込んだり、苦しいと思ったり、つらいときや、悲しいと思ったときにその感情をコントロールするために、体をプラスに使うことが大切です。

私はセミナーに立つ前に、できるだけ自分の状態をよくするために1人で拍手をして出ています。テンションが上がらないときは、ガッツポーズを取ります。

チームスポーツではゲーム前に円陣を組んで声をかけ、手を合わせます。高校野球ではピンチのときにマウンドに集まり、意識的に笑顔をつくって会話をしています。

こうしてパフォーマンスの向上を図っています。

プラスの空気をもち帰る

よく帰宅時に「今日は仕事が大変だった」ことを伝えたくて、わざと《心に悪い影響を与える体の使い方》する人がいます。おそらく「どうしたの？」「何かあったの？」と弱気な気持ちをなぐさめてもらいたい、やさしい言葉をかけてもらいたいのだと思いますが、なかなかうまくはいきません。

むしろ男女関係にとってはマイナスです。

なぜなら**イライラは周囲に伝染する**という性質をもっているからです。

あなたがイライラしていることで、周りの人もイライラするようになります。

たとえば、あなたがイライラすると恋人、配偶者、家族がイライラするようになります。

職場でもそうです。1人イライラしている人がいるだけで、オフィスの空気はギスギスします。

前にお話しした遅刻者の吊るし上げはこうした点からもよくないのです。**怒りの空気が職場に広がり、仕事が手につかなくなる**のです。

だからこそ私はイライラを家庭にもち込まないと決め、帰宅したときに、妻や子どもにできるだけポジティブな表情や態度を見せるよう心がけています。

ですが直前にイヤな出来事があると98ページの《心に悪い影響、よい影響を与える体の使い方》をしているときがあります。

私も、あるときマンションのエレベーターの鏡に映った自分の姿を見て愕然としたことが何度かありました。

テンションが低いときは玄関の前で一生懸命テンションを上げます。そのために《心によい影響を与える体の使い方》をします。

心によい影響、悪い影響を与える体の使い方

○	×
頭を上げる	頭を垂らす
胸を張る	肩を落とす
背筋をまっすぐに伸ばす	背中を丸める
深呼吸をする	呼吸を浅くする
腹に力を入れる	声を弱々しくする(あいさつ)
相手の目をまっすぐに見る	
力強く話す(あいさつ)	

マンションのエレベーターのなかで体を整え、歌を歌ったり、口笛を吹いたりします。ポジティブな言葉も使ってみます。

そうすると「ただいま」の第一声が明らかに違ってきます。

すると妻や子どもも元気に「おかえり」と言ってくれます。

イライラはイライラを呼びますが、反対に明るい空気は明るさを呼びます。マイナスな空気はもち帰らない、**できるだけプラスの空気をもち帰る**ことを心がけるだけで、パートナーとの関係は変わるでしょう。

あなたはあいさつの本当の意味を知っていますか。

あいさつとは漢字で「挨拶」と書きます。「挨」という字は「開く」という意味で、「拶」には「迫る」という意味があります。つまり、あいさつとは「心を開いて相手に迫る行為」です。

「こんにちは」「おはようございます」「いらっしゃいませ」などのあいさつをするのは、**自分の心を開いて、「あなたと仲良くしたい」という思いを伝える**ためです。迫るという言葉の通り、相手に一歩近づくように声をかけるのが本当のあいさつです。

笑顔が幸せを呼ぶ理由

イライラして気難しい顔をしている人と、上機嫌にニコニコしている人。

あなたが、いっしょにいたいと思うのはどちらですか？

パートナーがイライラしていると、「こんな人といっしょにいるのはごめんだな」と思うのですが、**自分がイライラしているときには「やさしく声をかけてもらいた**

い」と思う。それが人間です。

相手の立場に立って見ると上機嫌にニコニコしている人でいたいものです。

上機嫌にニコニコしている人は、「いっしょにいたい」と思われます。その人の実力がどうであれ、「いっしょに仕事をしたい」「いっしょに遊びたい」と思われます。

すべての人間の感情は共鳴し合うものです。

上機嫌は上機嫌を呼び、不機嫌は不機嫌を呼びます。イライラはイライラを呼び、怒りは怒りを呼ぶのです。

笑顔は、人生にプラスに作用します。

自分の人生を振り返ると、**笑顔のおかげでさまざまなチャンスに恵まれてきました。**

ＫＫＤマネジメントをしていた頃は、仕事中、眉間に皺を寄せ、部下に対して厳しい視線を送ってきました。

そういう方法でしかマネジメントをする術を知らなかったのです。

それでも、業務時間が終われば部下とも笑顔で接していました。

自分で言うのも変ですが、私は周りの人から「笑顔がいい」と言われます。「醸し出す雰囲気がとっつきやすい」「話しやすい」とも言われます。

これは私にとってラッキーなことでした。**気軽に話しかけてもらえたために、いろいろな人と出会え、いろいろな情報が入ってきました。**

それがビジネスの成功につながったこともありました。

素晴らしい人にめぐり会えたこともありました。

笑顔のおかげで、いろいろなチャンスに恵まれたのです。

笑顔を心がけるようになったのには理由があります。

私は大学時代、飲食店でアルバイトをしていました。そのとき普通に接客しているつもりでしたがバイトの先輩から「ニヤニヤしている」と言われてすごく傷つきました。自分の笑顔を封印し無表情になりました。そのときは周囲から「能面」と呼ばれていたほどです。

営業していたとき、赤坂のある会社の社長が、私に言ってくれたことがあります。

「うちの会社には、営業マンが毎日ひっきりなしに来るけれど、モノを買ったのは嶋津君だけだ。なぜだかわかるかね。君は事務所に入ってきたときの笑顔がとてもよかった。この人の話を聞いてみたいと思わせる力が君の笑顔にあった」

私はそれから笑顔を大切にするようになりました。

第3章

「伝える」と「伝わる」は違う

「女の推量は、男の確実さよりはるかに正確である」

ラドヤード・キップリング（1865年〜1936年／イギリスの小説家、詩人）

01

男女のコミュニケーションの質は過ごす時間に反比例する

「言わなくてもわかるはず」というのは妄想

男女のコミュニケーションの質は、過ごす時間に反比例します。

一般的にいっしょにいる時間が長くなるにつれ、コミュニケーションの質が下がっていきます。

その要因の1つは甘えです。

いっしょにいる時間が長くなるにつれ、「言わなくてもわかるはず」「きっとわかってくれるはず」という考えが出てきます。

もう2つは諦めです。「言わなくてもわかるはず」ではなく、「わからないから言わないほうがいい」とコミュニケーションを放棄してしまいます。

話をしていない夫婦にその理由を聞いてみると「面倒くさい」という答えが返ってきます。

本当は2人が考えていることが違うとわかっています。でも擦り合わせるには話し合いが必要です。そのとき「摩擦が起きてぎくしゃくするより無言のほうがいい」と考えます。

揉めてギスギスするのも面倒だし、話すこと自体も面倒くさい。

そして、見聞きしなかったことにしたり、放置したり、逃げたりします。

「時間が解決してくれるだろう」と自分に都合のいい意味付けをします。

それが最悪の結果になることは本書冒頭の「『男と女の怒らない技術』が手遅れの人たち」で紹介した通りです。

いっしょにいる時間が面倒ください

甘えや諦めは共有している時間と関係しています。

友達の関係であれば、会わないという選択肢があります。

恋人でも一時的に距離を置くことは可能です。それがいい意味での緊張感につながります。

ですが結婚するとそれが難しくなります。お互いの見たくない部分がたくさん見えてくるので、そのなかで関係性を保つには「見ざる」「聞かざる」「言わざる」を決め込むのはある意味賢いやり方です。

私も「見ざる」「聞かざる」「言わざる」を「100パーセントだめ」と言うつもりはありません。

ただし、男女が関係性を続けていくためには、価値観を擦り合わせなくてはならない場面があります。

面倒くさいというハードルを越えないと幸せにはなりません。

ただ、あらゆることを話し合う必要はありません。

むしろ「見ざる」「聞かざる」「言わざる」で、スルーしてしまったほうがよいことのほうが多いかもしれません。

重要なのはスルーする部分と数少ないスルーしない部分を見極めることです。

話すことをやめたら夫婦なんておしまい

アメリカに行ったとき、ホストファミリーの夫婦がよく会話をしていました。

「よくお話しされますね」と言うと、奥さんが、

「そんなの当たり前。夫婦は一生わかり合えないのだから、話すことをやめたら夫婦なんておしまいよ」

と言いました。

これは鮮烈な記憶として残っています。

夫婦なんて一生わかり合えない。

わかり合っているようなふりをするから苦しくなる。

わかり合えないことを前提に、わかり合うためにいろんな話をしようと思ったほうが、結局は意思疎通できるのです。

以来、夫婦は向き合わなくてならないと考えています。

それは妻も同様です。

妻に「別れるときってどんなとき?」と聞くと、1つは浮気をしたとき、もう1つはコミュニケーションがなくなったときと言われました。

お互いに理想のパートナー像を押し付け合っていては、決してうまくいきません。

そうならないためにも、**お互いが求めていることをはっきりと伝え合い、できることと、できないことを明確にして、2人の価値観をつくっていく**のです。

「今日、どうだった？」「何かあった？」でコミュニケーション不足解消

一般的には結婚生活が長くなると話す機会は減ります。

お互いの気持ちや考えを確認することなく、時間が流れていきます。別の時間を過ごすようになると、別の価値観をもつようになります。

それなのに「言わなくてもわかっている」などと錯覚していると、イライラや怒りを生むもとになります。

また、パートナーとの関係が、「いつもと同じ」と思い込むのもとても危険です。ろくに話もしていないのに「きっとこう考えている」「きっとわかってくれている」と思っているとしたら、かなり危険信号です。片方は「自分はいろいろしてあげている」と思うのに対し、片方は「まったく何もしてくれない」と思っていたら、**ギャップがイライラとして蓄積されていきます。**

たとえば夫は「育児を手伝っている」と思っていたのに、妻は「全然何もしてくれ

ない」と思っていた、という話をよく聞きます。

夫は子どもと遊んで育児を手伝ったつもりでも、妻は「いまは子どもを昼寝させたい。それよりオムツを買いにいってほしい」と思っていたとします。

すると妻は「なんで手伝ってくれないのか」と不快に感じ、夫は「自分は手伝っている。手伝ってほしいなら具体的に言えばいい」と反発し、ケンカになります。

ですから、話をすることはとても大切なのです。

妻とのコミュニケーションで困っている人は、帰宅後すぐに2つの魔法の言葉を言うとよいと思います。

それは、**「今日、どうだった?」**と**「何かあった?」**です。

そうすれば必ず会話が始まります。

会話が始まったらきちんと聞くこと。

私は話を聞くときは、テレビをつけないようにします。もしついていたら消してから聞くようにします。きちんと聞いているというメッセージです。

02 雑談から始めよう

普段の会話がないと大事な話はしにくい

会話がほとんどない夫婦がいます。

しかし、会話の少ない2人であっても、日常生活で大きな出来事、さまざまな転機を迎えれば、相手に伝えなくてはなりません。普段話をしていないと、会話のハードルは上がってしまいます。どうしても話さなくてはならないことがいきなり「重いテーマ」になってしまったりするのです。

それを思い切って話しても、**会話をする土壌が失われていると、聞いてもらえないこと**がありま す。

話をしないことに慣れ、話をすることが面倒になっているのです。

「重要な話をしようとしても聞いてもらえない」

「どうせ聞いてもらえないなら話してもしかたがない」

聞いてもらえないことが何度か繰り返されると、

「この人には言ってもしょうがない」

「この人は聞いてくれない」

と思ってしまうのです。こうなるともはや会話をするのは別れ話のときだけになります。


つまり、「たわいのない会話」「雑談」が重要だということ。男女関係でも友達や恋人は圧倒的に雑談が多い。

雑談ができているから大事な話もスムーズにできます。それが結婚すると雑談が少なくなるのです。

子どものイベントに夫婦揃って参加している人がいました。

きっとこの人たちは仲の良い夫婦なのだろうと思っていたのですが、あるとき、たった3メートル先にいる夫に、奥さんがLINEを送ったと聞いて驚きました。「こんなに近くにいるんだから直接言えばいいじゃないですか」と言うと、「うちは会話なんかないからいいんですよ」と言うのです。

本音はどうかわかりませんが、見かけの印象とずいぶん違うと思いました。

別の夫婦はお酒が好きで、よく飲み会などにいっしょに参加していますが、こちらも会話はほとんどなく「業務的な連絡はLINEでしている」と言っていました。

グーグル成功チームに共通していたこと

グーグルが行った「プロジェクト・アリストテレス」は男女のコミュニケーションのヒントになります。

社員の生産性を高めるためにはどうすればいいのか、米グーグルが労働改革プロジェクトとして社員同士のコミュニケーションを中心にモニタリングをしました。

成功するチームの要素として浮かび上がったのが、**「他者への心遣いや同情、ある**

いは配慮や共感」といったメンタルな要素でした。

たとえば1人が喋って、他の社員が黙っているというチームより、全員がほぼ同じ時間、発言するチームは成功していて、それもそのような決まりを押し付けるのではなく、自然にそうなる雰囲気がチーム内で醸成されることがポイントなのです。

「こんなことを言ったら、チームメートから馬鹿にされないだろうか」

「リーダーに叱られないだろうか」

という不安を払拭すること、心理学の専門用語では「心理的安全性」と呼ばれる安らかな雰囲気をチーム内に育めるかどうかが鍵なのです。

会社で仕事とプライベートの顔を使い分けず、本当の自分をさらけ出せる職場、他者への心遣いや共感、理解力を醸成することが生産性を高めるために必要な要素であることがわかったのです。

男女関係においても、自分の頭のなかをさらけ出せる間柄はよいでしょう。頭のなかをちゃんと吐き出せる関係性が大切です。

人間関係をつくるうえで有効なのは自分をオープンにすることです。

人間関係には「対応の法則」が働きます。これは返報性の原理とも、鏡の法則ともいいます。自分がやさしくすることで相手もやさしくしてくれます。自分がオープンになると相手もオープンになります。相手に対して積極的に自分をさらけ出すことによって、相手も心を開きます。

もしパートナーに感謝してほしければ、自分から感謝することが大切です。

とはいえ感謝の気持ちは忘れがちなので、最近は**1つ1つの出来事を「さらっ」と流さないようにしています。**

たとえば、私は風呂上がりにタオル生地のスリッパを履いています。ある日それが見当たらなかったのですが、翌日、きれいになっていたので、妻が洗ってくれていたとわかりました。いままでなら「ありがたい」と思いながらも伝えていないうちに忘れてしまうことが多かったので、すぐに、

「スリッパを洗ってくれたんだね。ありがとう」

と伝えました。

超一流のクリエーターは雑談の名人

ビジネスの場面では雑談はとても重要です。

雑談は相手の知識や感性を引き出すのにとても有効です。私の知る限り、超一流のクリエーターは雑談の名人が多く、しかも打ち合わせの間のちょっとした雑談を注意深く聴いています。

インターネットの情報は、みんなで共有しているものなので、新しいビジネスアイデアにはなりにくいでしょう。

心の機微に触れるような情報はネットには上がらないものです。

昔から政治家や財界人は雑談のなかで相手の真意、信頼度を探っています。イギリスやアメリカではティーパーティーが大切にされ、そこで交わされた何気ない会話から政治やビジネスが動きだすこともまれではありません。

ビジネスでの雑談は**「なるべくみんなが知らないネタを出す」**のがよいとされます。

つまりネットに上がっている情報ではなく、「自分の体験」「身近に起きた出来事」「そのとき自分がどう思ったか」です。

たとえば、**会議が始まる前に5分間だけ雑談タイムを設けると脳が活性化する**と同時にコミュニケーションも深まりやすいのです。

雑談する機会を増やす秘密の方法

では、カップルの場合、雑談はどうやったら増やせるのでしょうか。雑談のネタを求めて流行りの書籍を買う必要はありません。

基本は前述の、「自分の体験」「身近に起きた出来事」「そのとき自分がどう思ったか」なのですが、これを**「あなたの体験」「あなたの身近に起きた出来事」「そのときあなたはどう思ったか」**に変えます。

そのために、まずは相手に関心をもつことです。

パートナーをきちんと見ること。

女性は髪型、衣服、リップなどを変えています。そのことに関心をもって口に出します。

相手が話を聞いてくれないこともあります。

最近よく聞くのは、帰宅してもゲームに夢中で「話しかけても上の空」という人です。

ですが、多くの人がパートナーに求めるのは、1人の時間を邪魔せずに好きにさせてくれること。家族に無関心というわけじゃなく、仕事のストレスを発散する大事な時間なので、ある程度は許しましょう。

こういうときは話しかけても無駄なので、「たまにはゆっくり話したい」などとメモを張っておくのもよいでしょう。「子どもの学校のことで相談があるから、寝る前に30分だけ話せる？」と**具体的に用件を伝え、時間を決めて話す**のもいいでしょう。

私は雑談をする時間を意識的につくります。

子どもが塾に行っている間の夕方5時～7時に、塾の近くのお店でお酒を飲んだりします。お酒を飲んだら深刻な話はしないと決めているので、たわいもない雑談です。

時折デートにも行きます。子どもが小学生になり、祖父母の家に泊まれるようになったので、先日は西麻布の気の利いたバーでお酒を楽しみました。夫婦でデートを楽しむ人がもっと増えればと思います。親に預けるのが無理な人は、ベビーシッターを探してみるとよいでしょう。ベビーシッター代はかかりますが、その分**夫婦で話ができるので、よい投資**ではないでしょうか。

03

話すのではなく、聞くことから始める

「大きな耳、小さな口、やさしい目」で話を聞く

仕事をしていると「小さな耳、大きな口、険しい目」になりがちです。「小さな耳」とは人の話を聞きにくくなること。「大きな口」とは自分の意見ばかり言うこと。「険しい目」とは人の短所や失敗を探すことです。

ですが、**パートナーとの関係で必要なのは「大きな耳、小さな口、やさしい目」**です。「大きな耳」とはじっくりと話を聞くこと。小さな口とは自分の意見を控えること。「やさしい目」とは相手の長所を探そうとすることです。

ある女性は同僚の話を途中で遮って、自分の意見を言うことが多かったと言います。

「最後まで聞かなくてもわかる、いつもと同じような話に決まっている、どんな問題が発生しているのか想像がつくなどと、勝手に思っていたのです。仲間たちからはうとまれていたのでしょう。次第に肝心な情報も入ってこなくなりました」

ある女性経営者は、「女性部下にはとにかくじっと話を聞いて、ウンウンと共感する」と言っていました。

そして、「男性部下はとにかく褒めて、自分の手柄話をさせてあげる」と言っていました。確かにこの人は褒め上手で、私もこの人の手のひらの上で転がされて、上機嫌になっていろいろなことを話してしまった経験があります。

仕事でもプライベートでも最後まで話を聞くことはとても大切です。

なでしこジャパンを率いていた佐々木則夫《のりお》監督はこう言っています。

「女性をうまく扱うことはできないが、女性の意見に耳を傾けて、自分を変えることぐらいならできる」

佐々木監督は、「言いたいことがあったとしても、話を途中で遮って自己主張はしない」と言います。澤穂希《ほまれ》選手が「練習量が多すぎて、みんな疲労が溜まって試合では動けなかった」と相談をもちかけたとき、佐々木監督は違う考えをもっていました。それでも最後まで聞き、一度受け止めたうえで自分の意見を伝えています。**人には〝自分の話を最後まで聞いてほしい〟という気持ちが強くある**のではないでしょうか。

仮に事実関係はわかったとしても、そのとき、その人がどう思ったのか、どんな考えがあって判断を下したのかなどは、最後まで聞かなければわかりません。

話の内容は聞くまでもないことだったとしても、「最後まで聞いてくれる」と相手に思ってもらうことも大切です。

そんな小さな積み重ねが、信頼関係を築いていきます。

パートナーの話を聞いたら、**ちょっと違うのかなと思っても、それは口にせずにまずは受け止める**ことです。発言を文句扱いしてしまうのはタブーです。それは相手を傷つけることになります。

さらに「そんなこと言うけどあなただってこうじゃないか」というのは悪い反応で

す。YOUを主語にすると相手は責められたように感じます、

相手の話を聞くというのは、相手にエネルギーを与えること

一見、話をしているほうがエネルギーを発しているようですが、**エネルギーを与え、相手を元気にしているのは聞いているほう**です。

あなた自身のこと、あるいはあなたの話に興味をもってくれて、じっくりと話を聞いてくれたとしたら、とてもうれしいとは思いませんか。

そのとき、相手はあなたに大きなエネルギーを与えてくれています。そんな人がいたら、大事にしたいと感じるでしょうし、これからも良好な関係を続けていきたいと思うでしょう。

私の親友でとてもよく人の話を聞く男がいました。彼は自分が話している最中でも、誰かが話し始めるとピタッと自分の話をやめて耳を傾けていました。そのため彼はとても人気がありました。

話をきちんと聞くというのは「あなたのことを理解しようとしている」というサインです。自分のことをわかってくれない、わかろうとしない相手といっしょにいるのは誰しもイヤなのです。

だからこそ、あなたも話を聞くことで、相手にたくさんのエネルギーを与えてあげてください。話しているほうは、どんどん元気になっていくはずです。

これこそギブの精神です。

話が下手で、コミュニケーションが苦手だと思っている人は、その考えをいまここで改めてください。何も、自分から話をする必要はありません。相手の目を見て笑顔で話を聞けばいいのです。相手が心地よく話せる人となったとき、相手にとって、あなたは魅力的で、貴重な存在となっているでしょう。

かわいげとは、素直さと相手の心を投影した行為

私は男女問わず、パートナーに対する「かわいげ」は、あったほうがよいと思って

います。

私の知り合いに、スタッフが女性だけの会社の女性経営者がいました。あるとき部下に
「かわいげは女性として1つの武器。私は社長として、いい意味でのかわいげをもってほしいと思っている」

という話をしたところ、「社長、かわいげって何ですか？」と質問されて答えに窮してしまいました。

すると、彼女は私に「かわいげってどう説明したらいいと思う？」と聞いてきました。私は熟考したのち「かわいげとは素直さと相手の心を投影した行為」と答えました。

たとえば、先輩社員が普段から「わからないことがあるなら聞けばいいのに」と思っていたとします。そういうときに後輩が「この件わからないので教えてもらっていいですか？」と聞いてきたとしたら「かわいげがある」と感じるでしょう。

「わからないことは「わからない」、教えてほしいことは「教えてほしい」と言える

ことも「かわいげ」の1つです。

また、かわいげとは一般的には女性に使われますが、私は男性にも必要だと思っています。


あるホテルに勤務している男性の話です。入社してすぐフロントに配属されました。早番は8時スタートでした。8時スタートであれば、7時半にフロントに行けばいいだろうと思い、7時半に行くと先輩の女性がすでにいました。そして「新入社員というものは、先輩よりあとから来るものじゃないでしょ」と叱られました。そこで、翌日は7時15分にフロントに行きました。すると、もう先輩はいました。驚いて謝りにいくと、また叱られました。その翌日6時半に行くと、また先輩がいました。

「いじめられている」と思いました。

しかし、彼は先輩の長所を見て、それを尊敬し、素直に受け止めるしかないと思いました。何でもその人に聞くようにしました。わからないこと、困ったことがあったら、その先輩に聞くようにして、そのときの応対の仕方や、接客中の様子、物を取り扱うときの一挙手一投足などから彼女の長所を見つけようとしました。

お客様に何かをして差し上げるのがとても好きな人なので人間嫌いではないだろうと思いました。

何かあったらその先輩に聞くということを習慣にしていると、先輩の様子が変わってきました。それまでは彼の一挙手一投足を監視して失敗を指摘してやろうという雰囲気でしたが、困っているという雰囲気をキャッチして「どうしたの？　大丈夫？」と声をかけてくれるようになったそうです。

04
伝える、伝わる、コミュニケーション、コミュニケーション

「思った通りに動く」という悲しすぎる誤解

私は長年、組織のなかでの部下育成に悩まされ続けてきました。

その時代の私のマネジメント手法は妻も見ています。

情報通信機器販売会社の営業部長をしていたとき、妻は同じ部署でテレフォンアポインターをしていました。

その後、私が独立したとき、彼女も新しい職場を探していたので、「新しい会社で事務をやってくれないか」と誘いました。

当時は恋人関係ではなく、部長とスタッフ、社長とスタッフという関係でした。そ

の頃を振り返って、妻が私にこんなことを言ったことがあります。

「当時のあなただったら絶対に結婚していない。こんな短気で、勝手な人の奥さんになる人はかわいそうだと思っていた」

当時の私は「人は動かせるもの」と思っていました。

だから「なぜ思った通りに動いてくれないのか」とイライラし、管理者向けセミナーなどに通って勉強していました。


あるとき、人材育成に定評のある会社の営業部長が少人数のセミナーをやってくれることになりました。私はそれまでセミナーで質問した経験はありませんでしたが、人数が少なかったこともあり、思い切って営業部長に聞きました。

「○○さんも部下が思ったように動いてくれないことがあると思います。そんなときはどうしているのですか。注意していること、気をつけていることがあったら教えてもらえませんか」

「嶋津さん、部下を動かそうと思うなんて、ちゃんちゃらおかしいですよ。**上司は部**

下が自ら動こうとする環境をつくることが大切です」

私はこの一言から大きな財産を得ました。

それは「他人は変えられない。自分は変えられる」という言葉がありますが、それまでは「変えられない他人」である部下にフォーカスし、変えようとしていました。それがうまくいかず、ストレスが溜まっていました。

ですが「変えられる環境」にフォーカスを当てることを覚えたことは私にとってとても大きな出来事でした。人材マネジメントではなく環境マネジメントが大事だと知ったのです。

これは男女の関係にも当てはまります。

「変えられない他人」であるパートナーを思った通りに動かそうと思うことがそもそもおかしいのです。パートナーから引き出したい行動を明確にし、パートナー自らがしたい、やらなきゃいけないと思ってもらうために、自分に何ができるのかという発想に立ちます。

たとえば、部屋のあちこちに、写真がピンやマグネットでバラバラに貼ってあったとします。そういうときにパートナーに「整理して飾ってほしい」というのではなく、「フォトフレームを買って入れてみない？」と提案します。相手が同意してくれたら、「フレームをネット通販で買うから、入れてくれないかな」などと話します。

相手の感情を理解することが大切

仕事における男女のコミュニケーションでも接し方の違いを痛感しています。

かつて営業会社を経営していた頃は、スタッフのほとんどは男性でした。現在の教育事業では反対にスタッフの全員が女性です。そうした経験から次ページの図のような傾向を感じています。

当社のある女性スタッフが家庭の事情で辞めることになりました。

長年私を支えてくれていたエースだったので、続けてもらえないかとお願いしたのですが、意思は固まっていました。

男性スタッフ、女性スタッフと接して感じること

男性	女性
目標に向かって計画的に行動したい	現場の状況に応じて臨機応変に行動したい
仕事は1つずつ	仕事は同時並行
自分の話は賞賛してほしい	自分の話に共感してほしい
失敗を分析したい	失敗を話したい
悩んだり落ち込むと黙りこむ	悩んだり落ち込むと話したくなる
話にはまとめが必要	話にはまとめは不要

　私は他の女性スタッフと話をしました。

「これからは彼女抜きでやっていくことになるけれど、困っていることや要望があったら言ってほしい」

　すると1人の女性が「嶋津社長が怖い」と言うのです。びっくりして話を聞くとメールの言葉遣いがぶっきらぼうなことが原因でした。当社のスタッフは在宅勤務が多く、通常は電話とメールでのやりとりです。

　私は「社内メールは意味がわかればよい。丁寧に書く必要性はない」という考えでした。たとえば、「電話してほしい」

ときには「電話」と一言書いて送っていました。

そして「私のメールはぶっきらぼうだけど悪意はまったくない。仕事のスピードを重視してのことだから気にしないでほしい」と折に触れて言ってきたので、理解してくれていると思っていました。実際の電話では普通に話していたので、怖いと思っているとは考えていませんでした。しかし彼女はそっけないメールを見るたびに「怒られるんじゃないかと思う」と言ったのです。

私は彼女に甘えていたのだと気づきました。

親しき仲にも礼儀ありなのです。

それからはメールのやりとりを変えました。これまでは業務に対し、返事をしないか、短く「ありがとう」と送るだけでした。

現在は労いの言葉を添えて送っています。

彼女を理解して仕事をしなければならないと思い、極力、**彼女が頑張りやすい環境、頑張ろうという気持ちになってもらえるよう努力**しています。そうしてから彼女が生き生きと、やる気になってくれたのです。

「伝えるコミュニケーション」と「伝わるコミュニケーション」

言葉はそもそも何のために使うものでしょうか。

言葉は相手から必要な行動を引き出すための道具なのです。

何かを切るときに切れなかったら、切れる包丁をもってきて切ります。それといっしょで、必要な行動が引き出せないということは、道具が悪いのです。つまり言葉が悪い、伝え方が悪い、コミュニケーションの取り方が悪いのです。

あなたが人にお金を貸したとして、いくらなら「返して」と要求しますか？

答えはみんなそれぞれ違うでしょう。

つまり、それぞれ行動を起こす沸点が違うのです。その行動を起こす沸点を導き出すために、道具である言葉、伝え方、コミュニケーションを徹底的に変えていかないと伝わるコミュニケーションにならないのです。

「ちょっと話があるけどいい？」と声をかけてから話す

ちょっとしたコツですが、私は「これから伝えますよ」という合図をするようにしています。妻と話すときに、何かをいきなり伝えることはありません。

「ちょっと話があるけどいい？」

「ちょっと伝えたいことがあるんだけどいいかな？」

と言って、本人が「いいよ」と声をかけてから伝えるようにしています。

聞くほうも「何か話があるんだな」という**マインドセットができ、感情的にならないで話し合える**のです。以前、いきなり伝えたために、話は聞くけれど、内容を聞き入れてくれないことがありました。

「これから話がある。聞いてくれないか」と添えるだけで状況が変わります。

第4章

自分軸コミュニケーション、相手軸コミュニケーション

「恋する男と女がいっしょにいて少しも退屈しないのは、いつも自分たちのことだけを話題にしているからだ」

ラ・ロシュフーコー（1613年～1680年／フランスの貴族、モラリスト、文学者）

01

自分軸コミュニケーションの敗北

「彼女が喜んでくれる」という思い込み

作家の瀬戸内寂聴さんがこんなことを言っています。

「大抵の人間は自分本位です。とくに女性は、自分中心に地球が廻っていると思っていて、思い通りにならない現実に腹を立てて愚痴ばかり言うのです。思い当たることはありませんか」

じつは私も「自分中心に地球が廻っている」と思っていた1人です。

大学時代バンド仲間の女性がいました。あるときいっしょにお酒を飲んでいて彼女とキスをしました。

彼女にとっては酔ったうえでの軽い出来事だったのかもしれませんが、私はまだウブな20歳で「彼女は自分の恋人」という感覚になっていました。

頻繁に会うようになり、そのうちに彼女の誕生日が来ました。

私はサプライズを計画しました。

「シャンパンとケーキをもっていったら喜んでくれるだろう」

自転車で10分くらいの所にある彼女のアパートに向かいました。ケーキが崩れないように気をつけながら慎重にペダルを踏みます。玄関を開けた途端に満面の笑みで喜ぶ彼女の姿を思い描き、ワクワクしながら彼女の家に到着しました。

チャイムを鳴らして彼女がドアを開けました。

「誕生日おめでとう。一緒にお祝いしよう」

すると彼女は困ったような顔をしました。眉間にやや皺をよせ、あきれたようなため息をつきながら目線を下に落としました。思い描いていた笑顔とはまったく違う表情を浮かべていました。

「こっちにも都合があるって考えないの？」

思い描いていた構想がガラガラと崩れる感じがしました。もしかして別の男性が部屋のなかにいるのか、とも思いました。

しかし、彼女は部屋に入れてくれました。そのうえで真面目な顔で、

「これから出かけようと思っていたの。約束しているわけでもないのに、いきなり訪ねてくるなんてあまりにも失礼じゃないの？」

と諭すように言われました。私はがっかりしてシャンパンとケーキを渡して帰りました。

こうしたらきっと彼女が喜んでくれる。

それは自分の勝手な思い込みでした。落ち込んだと同時にすごく反省しました。

これをきっかけに直ちに相手の立場、相手の都合を考えられるようになったわけではないのですが、のちのち私の行動を変えるきっかけになりました。

自分軸ではなく相手軸のコミュニケーション

かつてKKDマネジメントをやっていた頃も、上司から**「おまえの普通と部下の普通は違うんだぞ」**と言われたことがありました。その頃からおぼろげながら相手の立場になって考えることを始めました。

また、結婚した当初も、妻と話をしていると「私はあなたの部下ではない」と言われたことがありました。それも一度や二度ではありません。たとえば妻に困ったことがあり、「話を聞いてほしいだけ」なのに勝手に原因を分析して課題解決を図ろうとしたりしました。あるいは「こんなことがわからないなんて」と上から目線で話していました。結婚したばかりの私は自分本位だったと思います。

私の知り合いで、とても几帳面で神経質な男性がいます。家のなか、家の周りの掃除を熱心にやります。パートナーも必ず手伝わせます。性生活も週に3度あり、そのことを自慢げに吹聴していますが、人づてに「奥さんが『正直困っている』と言っていた」という話を聞いたことがあります。

自分はよいと思っていても、相手にはそうではないことがあるのです。

勝ち負けを争うような議論は不毛

どうして相手のことを考えるようになったかといえば、ビジネスシーンで「勝ち負け」だけが目的になっている議論を見てきたことの影響もあります。

あまりに自己主張が強い人を数多く見るうちに、これでは問題は解決しないし、人間関係も悪くなるばかりだと感じました。

知り合いが得意げにこう言ったことがあります。

「俺は議論をして負けたことがない。なぜなら勝つまで話すからだ」

それを聞いて私は、「この人とは話をしたくないな」と思いました。

この人は議論の目的を勘違いしています。

本来議論の目的は、**Aという意見とBという意見をもちより、Cという着地点を**

見出すことです。ところがこの人の場合、自分のAという意見を押し通すことだけを考えているのです。

パートナーと「私はこう思う」と主張したとき、「それは違う」と議論することがあります。白熱してくると、互いに譲り合わず、「自分が正しい」と主張し合うことになります。

でもどちらが正しいかといえば、両方正しい。相手を認め受け入れることが大切です。相手を否定する権限はありません。

自分の意見と違うから相手の意見が違っているということではなく、それはその人の考え方です。自分の考えを主張するのはいいことですが、**相手の意見を否定する権利はない**し、否定してはいけないのです。

それでも自分の意見を押し通そうとすると、イライラは募り、やがて口論へと発展していきます。

自分が正しいと思い込んでしまうと、すべての非は相手にあることになります。他人のせいにし続ける限り、少しのことですぐにイライラすることになります。

勝ち負けのパラダイムで議論している人たちは、相手の主張を「なるほど」と思っても、「負けてはいけない」一心で否定し、自らの正当性だけを延々話します。まさにディベートです。頭の切れる人は論破の仕方も上手で、「それを言ったら人間関係が終わってしまう」ことでも平気で言います。

そうした場面を何度か体験するうちに、もっとお互いが幸せになるようなコミュニケーションはできないかと考えるようになりました。

かつて、彼女にシャンパンをもっていったときに「こっちにも都合があるって考えないの？」と言われたこと、妻に「私はあなたの部下ではない」と言われたことを改めて受け止めて考えたことがあります。

それ以来、**自分が何を思い、考え、何をしたいのかではなく、相手が何を思い、考え、何をしたいのか**、相手はなぜそんなことを言ったのか、なぜそういう行動を起こしたのか、を考えるようになりました。

それまでの私は、小さな子どものように、自分の思いや考えをわかってもらうことに一生懸命で、相手が理解しないとイライラしたり、怒ったりしていました。

それはほぼ無意識なのですが、提案のほとんどが自分の価値観に基づく主張だったと思います。

ですが**相手を理解することから始めるようになり、コミュニケーションの質が変わった**気がするのです。

相手を理解するというところで、ある女性経営者と話していたときのことを思い出します。

彼女は健康について、私に、非常にスピリチュアルな話をしてきました。私は「それは気休めじゃないですか?」と話しました。すると彼女は、「このテーマについては、嶋津さんと話しても交わることがなさそうなのでやめます」と言ったのです。

私は「とても大人だな」と思いました。価値観が違う相手に、持論を押し付けても生産的ではないですし、お互いの価値観を尊重するのが大人の対応です。

02 相手軸のコミュニケーションを始める

「お金」「仕事」「家族」「名誉」「恋愛・結婚」「学歴」「健康」の並べ替え

パートナーとゲーム感覚でこんな話し合いをしてください。

「お金」「仕事」「家族」「名誉」「恋愛・結婚」「学歴」「健康」の7つを、自分が幸せになるために必要だと思う順番に紙に書きます。

そして「せーの」で見せ合ってみましょう。

実際にやってみると、2人がまったく同じ順番になることはないでしょう。あまりに違っていたからといって驚かないでください。それが普通なのです。

同じ順番をつけないパートナーへ不愉快な感情を抱いたり、自分の優先順位を強要

お互いの価値観を知るゲーム

1 お金
2 仕事
3 家族
4 名誉
5 恋愛・結婚
6 学歴
7 健康

7つの事柄についてそれぞれ優先順位をつける

したりしてはいけません。自分の順番が正しいと決めつけないでください。相手は自分が否定されたような気持ちになるでしょう。

人は自分の思いや考えをわかってもらうことに一生懸命になります。

一方で、相手をわかろうとしないという悪い習性があります。

この習性を逆手にとりましょう。

自分の考えを伝えることからではなく、相手を理解するところから始めると、コミュニケーションの質が変わります。

「せーの」で見せ合い、お互いの優先順位を知る

著者

1. 健康
2. 家族
3. 仕事
4. お金
5. 名誉
6. 恋愛・結婚
7. 学歴

妻

1. 健康
2. 家族
3. 仕事
4. お金
5. 学歴
6. 名誉
7. 恋愛・結婚

相手がつけた順位について評価しない

相手を理解することからスタート

自分の考えを真っ先に伝えると相手から思わぬ反論・反発がきて、思うように物事が進まず、お互いにイライラします。

そこで相手を理解することから始めることにしました。

自分がやろうとしていること、言おうとしていることに対し、相手が何を考えるか、どう思うかを先に知ることから始めました。そのあとに、自分の思いや考え、やろうとしていることを伝えると、コミュニケーションが楽になります。

なぜかというと、自分のやろうとしていること、言おうとしていることに対して相手がどう思うか、何を感じるかということを先に理解しているので、自分の思いや考えに相手の思いや考えを組み入れて話ができるようになるからです。説明しやすくなるので、理解や納得をしてもらいやすくなります。

ものの見方や考え方がまったく同じという人はこの世にはいません。

それはどんなに愛し合っている男女、運命的な出会いをした男女でもです。ですから、相手の価値観を変え、自分の価値観を押し付けようとすればするほど無理が生じ、不満やイライラが募ります。健全な人間関係は違いを認めることから始まります。

「あなたはあなたであって私ではない」

「私は私であってあなたではない」

相手を尊重し、相手との違いを受け入れることからすべてが始まります。

有森裕子や高橋尚子、鈴木博美らを育てた小出義雄氏（元・積水化学工業女子陸上競技部監督）は独特な人心掌握術や選手育成法をもっています。その基本は「人を見て法を説く」。

「育った環境も性格も性質も選手によってまったく違います。こうしろと命令すると、10人のうち2人は必ず腹を立てます。しかし、**相手の特性に合わせれば、僕も選手も腹を立てない**」

納得するまで動かない有森選手には自ら一歩下がって対応、素直で指示を求める高橋選手には熱血指導、鈴木選手へは友人のようにアドバイス、と相手に合わせて変えていました。

相手軸のコミュニケーションで幸せ感が変わる

コミュニケーションの取り方を変えると男女の幸せ感が変わります。

愛し合っている男女であっても、あなたの好きは相手の嫌いかもしれない。あなたの嫌いは相手の好きかもしれない。それなのに自分の思いや考えを正しいと決めつけて相手に接したら関係が壊れてしまいます。

コミュニケーションの質を高めるためには、**「目に見えない相手の心のなか、頭の**

なかをいかに理解するか」です。

ある40代前半の夫婦の話です。夫は毎日忙しく終電で帰宅します。時には終電に乗り遅れてタクシーで帰ってくることもあります。妻も働いていますが定時に帰宅し、2人の子どもの世話をしています。

妻は最初、夫のことを「遅くまでご苦労様」と受け入れていました。

しかし、そういう生活が2、3年と続き、妻は次第に不機嫌になってきました。夫は自分のせいだと気づいていました。妻も「仕事だからしかたがない」と不満を飲み込んでいました。

こうして表面上は普通にコミュニケーションをとっていました。

ところがあるとき、夫は妻がイラだっていることに我慢できなくなり、「仕事で疲れて帰ってきているのに不機嫌になるのはやめてくれ」と言いました。それをきっかけに妻もキレてしまいました。

もし夫が相手を理解しようとしたらどうでしょうか。

毎日不機嫌な妻を見て「自分が遅く帰っているせいだろう」と感じ取っているなら、「ちょっと話をしていいかな」と言ってから、「仕事とはいえ、長い間帰りが遅くなっているのは申し訳ないと思っている。最近、調子が悪そうだけど、家のことや子どもたちのことで何か困ったことが起きているのかな」などと切り出してみます。

たとえば妻から「私だって仕事をして、子育てをして、家では大変な思いをしているとわかってほしかった」「1人で子育てしているようで寂しかった」という言葉が出たら、まずは「そうだったのか」と受け入れます。

相手の表に出てきている態度、行動、反応、言葉と、自分の思いや考えを擦り合わせても絶対にコミュニケーションの質は高くなりません。

表に出てきている態度、行動、反応、言葉は、気を使っているのかもしれない、配慮していることがあるかもしれない、遠慮していることがあるかもしれない、もしかしたらごまかしていることがあるかもしれない、ひどいときは嘘をついていることがあるかもしれない。これらは本音ではないことが多いからです。

相手の立場を想像して寄り添う

教育事業で当社と提携している会社の担当者と、フェイスブックのメッセンジャーを使って仕事のやり取りをしていました。

ところがあるとき、連絡がとれなくなってしまいました。私が依頼したことに対して返事がなく、さらに「先日の件について返事をお願いします」と2回催促しても、既読にはなっているのですが、返事はありませんでした。

かつての私なら、「仕事で送ったメールに返信しないなんてとんでもない」という一方的な見方をしたでしょう。「相手に何があったのか」「そうせざるを得ない理由があったのではないか」などと想像せず、「仕事ができない人」と決めつけ、次回会ったときに「いったいどういうことなんだ」と怒っていたでしょう。

ですが、このときはいろいろなことを想像しました。

まず、これまではきちんとメールのやりとりをしていたのだから、彼女に何かアクシデントが起きたのかもしれないと思いました。そこで当社のスタッフに、「もしかしたら何かあったのではないかと嶋津が心配している」と電話をかけさせました。

すると「アクシデントではない」ことがわかりました。

何もないのにメールに返事がないのは問題ですが、**それがどういう心境なのか、さらに考えました。**

たぶん彼女は日常業務で多忙を極めるなか、私からやや重めの依頼を受け、「やらなくちゃ」と思いながらもできずにいたのではないでしょうか。私からの催促メールに「どうしよう」と思いながら返信することができず、ついに3回目の催促メールが届いたときに、どうにもならなくなってしまったのではないか、と想像しました。

ただ、取引先と仕事の連絡が途切れるなど、あってはならないことなので、予定されていたミーティングのなかで少し話をしました。

その担当者に怒りをぶつけ、吊るし上げることが目的ではありません。

そこでミーティングが始まる前に、**「あくまで人にフォーカスせず、出来事にフォーカスするという前提で話を聞いてください」**と言いました。

そのうえで業務連絡が途切れてしまった経緯を、担当者だけでなく彼女の部署全体で共有し、改善策をいっしょに考えました。

ミーティングでは、連絡がこなかったこと、何かアクシデントがあったのではないかと電話で確認したこと、普段そういうことをする人ではないから、何らかの理由があって投げてしまったのではないかと想像したという話をしました。

そして、彼女がそういう状況にいることを他の人が察知し、フォローする関係性がチームにはないのかと確認をしました。

他のメンバーは、「メッセンジャーでやりとりしていたので知らなかった」「知っていたらフォローする文化はある」とのことでした。

結局彼女が1人で私の案件を抱えていたために、他のメンバーは今回のことを知らなかったということがわかりました。

そこで出来事をプロジェクトメンバーで共有するためにフェイスブックグループをつくり、個人でのやりとりをやめ、フォローできるようにするということになりました。

大切なのは理由を添えること

タクシーの乗客にシートベルトを締めるよう促す音声案内を例に考えてみましょう。

パターン1「お客様の安全を守るため、シートベルトをお締めください」
パターン2「後部座席におすわりのお客様もシートベルトをお締めください」
パターン3「事故を起こしたときに当社の責任になりますのでシートベルトをお締めください」

タクシー会社ではパターン1を採用しています。なぜでしょうか。それはパターン1がシートベルトを締める理由をしっかり提示しているからです。そして「シートベルトを締めることが乗客のためになる」という相手軸の情報を入れています。パターン2には理由がありません。パターン3は「タクシー会社が困る」という自分軸の情報になっています。同じことを伝えているのに、**自分軸か相手軸か、理由があるかないかで印象が変わります。**

何かを伝えるときに、「このままではあなたがネガティブな感情をもつことになる」と伝えると相手から必要な行動を引き出しやすくなります。

パターン1は、シートベルトを締めないのはあなたの自由、でももし事故が起きたら大変になるのはあなたですから、あなたのために締めてください、というメッセージです。

パートナーに何かを伝えるときに「もし、やらなかったらよくないことが起こるよ」とリスクを言うこと、「あなたのためなんだ」という影響を話すことで相手も自分事になります。

03

妻、子ども、2人の軸を考える

妻と息子が対立したとき夫はどうする

パートナーのコミュニケーションは相手と自分で、相手軸を考えることが大切ですが、そこにもう1人加わると軸は3つになります。

そうなったときにどんなことができるでしょうか。

私が出張中に妻から電話がありました。相談内容をかいつまんで言うと、

- 翌日の土曜日に息子のバスケットボールの練習試合がある
- 息子は学校1限目で早退し、練習試合に行きたいと言っている

● 妻は授業がすべて終わってから練習試合に行けと言っているが、言うことを聞かない

ということでした。私は「息子はどう感じているのか」と思いました。なぜ学校を早退してまでバスケに行きたいのか、本心を聞く必要があると思いました。そこでスマホのスピーカー機能を使って3人で会話をしました。

妻の言い分は、

「この話は1週間前に話し合って合意している。授業が終わってから行くと決め、先生にもバスケのコーチにも連絡した。それなのに前日になって子どもが言い出した」

「なぜそんなに行きたいのかわからない」

「レギュラーではないので試合に出られる可能性は少ない。まして公式戦ではなく練習試合。授業をさぼっていく必要はない」

「なぜ今日になって気持ちが変わったかといえば、チームメートに誘われたからだ。友達に言われたからと考えが変わるのは流されているようでイヤだ」

というものでした。

このことが起きる以前にも、息子が友達の意見に流される傾向にあるという出来事が何度かあり、そのことに妻は不満を感じていたようでした。

息子の言い分は、

「1週間前の話し合いで合意はしていない。話が終わっていないのに、家事を始めてしまった。1週間前もいまも自分の気持ちは変わっていない」

その後、3人でこんなことを話しました。

- 学校を早退して練習試合に行ったときのメリット・デメリット
- 授業をすべて終えてから練習試合に行ったときのメリット・デメリット

長く話していたら妻が、

「ラチがあかないから、学校が終わってから行く、でいいじゃない」

と言ったので、私は、

「いやいや、父親がどう思うか、母親がどう思うかを話すのは大切だけど、最後は子どもに決めさせないとダメだと思う」

と言いました。

私は**「成長とは自分で決めて責任を取ること」**と考えているからです。

話し合いの末、学校に行ってからバスケに行くと決めました。

3軸の話し合いを経て、2軸の話し合いへ

30分後、子どもが寝たのを見計らって、彼女に電話しました。

「今回の話し合いはとてもよかったと思う。これをもっとプラスに活かすことはできないかな。何か提案ある?」

「こうしようと思う」と最初に私が言うのではなく、まず「何か提案ある?」と妻の気持ちを確認しました。妻は「とくにない」というので自分の考えを伝えました。それは次のようなものです。

明日の朝、バスケの道具を玄関に置いておき、息子が起きてきたら「バスケに行きたいんでしょ。行ってきな。そのかわり、これから一生懸命練習して、活躍しなかったら承知しないよ」と冗談まじりに言って送り出してほしい。「ランドセルは学校近くのカフェで預かるから早退しな」と言ってほしい。


彼女には予想外の提案だったようで「受け入れられない」と言いました。

「僕の提案だから、やりたくなければやらなくてもいい。ただ、バスケットに対する意欲や母親と子どもの関係性が変わると思う」

自分の経験から、**本当に自分のやりたいことを母親に反対されたらつらいこと、自分を応援してくれていると思えた瞬間はうれしい**ことを伝えました。

私は高校受験のとき、地域でも有名な高校を受験したいと思いました。しかし、担任の先生は「合格する確率が低い」という理由で受験を許してはくれませんでした。

そのとき、母親がものすごい剣幕で先生に掛け合ってくれました。「私はこの子の可能性を信じています」と言ってくれました。私は母親に応援されていると感じ、とてもうれしかったのです。結果的には落ちたのですが、人生を振りかえると後悔もないですし、とてもいい経験になりました。


「バスケに行くことを許したら、そうなるという保証はあるの？」

「それは結果論だからわからない。吉と出るか凶と出るか。でもやる価値はあると思うよ」

翌朝電話を入れて、どうしたかを聞きました。彼女が実行してくれていればうれしいですが、それを受け入れるかはあくまでも彼女の意思なので、実行してくれていなくてもしかたないという気持ちでした。

「正直、私にはよくわからなかったけど、あなたのほうが男の気持ちがわかるだろうから、言う通りにやってみた」

彼女が心から腑に落ちていたわけではないのに、私の言葉を信じて、実行してくれたことには感謝しかありませんでした。

第5章

こだわること、こだわらないこと

「男とか女とか、意識するからおかしくなるんだ。男女はともに一体なんだからね。だから、男と女という意識を乗り越えなければだめなんだ」

岡本太郎（１９１１年１９９６年／日本の芸術家）

01

8割スルー、2割対話

「こだわらない」ことはどんどんスルー

男女の間に生まれるイライラやムカムカへの対処法は、大きく分けると2つあります。

「え？」と思った違和感に対し、

①「こだわらない」と決めてスルーすること
②「こだわる」と決めて時間をかけて話し合うこと

です。

価値観の違う2人なので、お互いの考え方や行動に違和感はあって当たり前です。

さらに忘れてはならないのは、違和感をもっているのはあなただけではありません。相手も必ず違和感を抱いていて、時々それを口に出したり、黙ってスルーしたりします。あなたが「なんでそんなことを?」と思うようなことを、「じっくり話し合いたい」と言われることもあります。違和感はお互い様なのです。

違和感への反応の仕方にはいろいろあります。

基本的には、**2人の幸せにつながることは擦り合わせます**。「こだわる」ことには時間をかけ、「こだわらない」ことはなるべくスルーします。

割合としては「8割スルー、2割話し合い」が私の感覚です。

これがイライラしないコツです。

たとえば、夫は妻に朝起きて食事を作ってほしいと思っていました。

しかし、妻はギリギリまで寝ていて、自分の身支度を整え出社してしまいます。夫はイライラしていました。でも妻は悪気があるわけではなく、夫のイライラには気づいていません。

まず夫がすることは「いまのままでいい」（こだわらない）のか「起きて食事を作ってほしい」（こだわる）のかを決めることです。

こだわらないならそのままスルーし、朝食は自分で作る、コンビニで買う、ファストフードを食べるなど別の解決策を実行します。

こだわるのであれば、まずは自分の気持ちを伝えます。理解してもらえるか、実行してもらえるかはわかりませんが、**まずは気持ちを開示**します。

でも、それを受け入れて、やるかやらないかを決めるのは奥さんです。やらないからといって、怒ったり不満を述べたりするのは筋違いです。やってほしいなら、まず、気持ちを伝え続けることです。それと同時に、やってほしいことを奥さん自ら「やりたい」、あるいは「やらなくては」と思ってもらうために、自分に何ができるかを考え、環境をマネジメントしていきます。

こだわるか、こだわらないかを決めるだけでずいぶん楽になります。

実際には、多くの人がこだわらなくてもいい些細なことでイライラしています。

また、本当は2人の幸せのために重要でこだわるべきなのに、「見ざる」「聞かざる」「言わざる」になって余計にイライラするのです。

幸せでいるために何にこだわるか

何をこだわり、何をこだわらないかは、その人の人生観によります。

2人の**人生観は2つの円のようなもの**で、重なり方はカップルによって違います。違っていることに注目するよりも、重なっている部分に注目することが大事です。そして、**重なっている部分は常に変化していくので、常に確認していく**ことが大切です。

私は自分の人生で大切な4つのことを決め、パートナーと共有したうえで、それ以外にはとことんこだわらないと決めています。

それが2人の幸せにとって一番よい方法です。

私の知人に、妻の料理の味付け、掃除の仕方、洗濯物のたたみ方などが自分のやり

「2人の人生に大切」なことは?

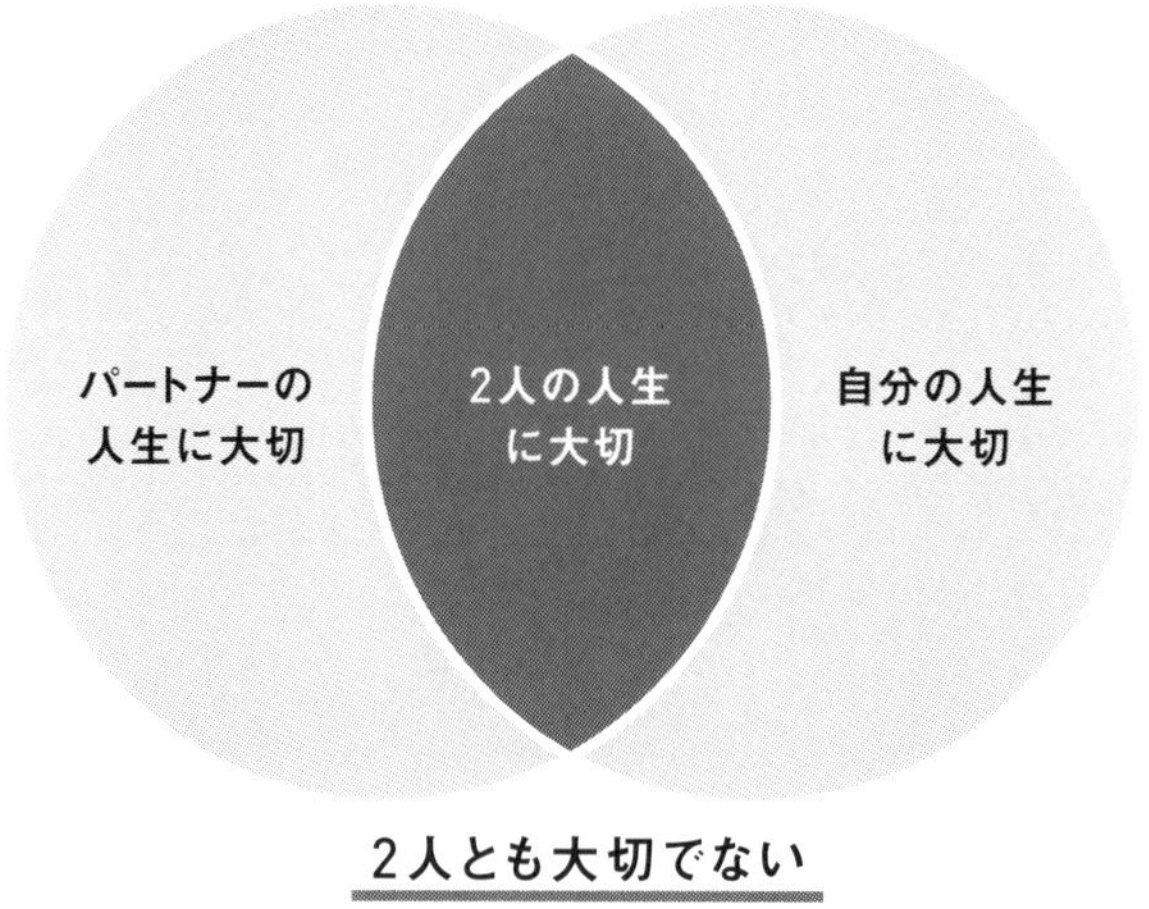

方と違うからと、いちいち妻に対してイライラしている人がいます。よくよく聞いてみると彼は、自分の母親と妻のやり方を比べて、いちいち「違う」と感じてイラだっているのです。母親の影響でできた心のなかの枠に、妻のやり方が入らないことがイライラの原因です。別の女性は、夫の食事の食べ方や、服を脱ぎ散らかしたり、片付けをしないことなどにイライラしています。それが自分のやり方と違うからです。

でも、それが2人の人生に大切かと一度考えてみるとよいでしょう。

大切ならこだわります。そうでないな

ら、こだわる必要はありません。

たくさんのこだわりを抱えていると、考えることが増えます。うまくいかないことも増えます。イライラが少しずつ増えていきます。イライラがイライラを呼ぶ、イライラが別のイライラを大きくするという「イライラの相乗効果」によって、ストレスまみれになることもあります。

そこで不要なものを見極め、勇気をもって捨てます。そのとき「まあ、いっか」「〇〇にはこだわらない」と思って自分の心にピリオドを打ちます。

とても簡単なことですが、するとしないとでは大違いです

どんどん捨てたり、やめたりすることによって、本当に大切なものだけが残ります。**気にしないという選択肢をもつと、イライラから解き放たれます。**

こだわることを決める

私は自分にとっての幸せを4つに決めました。それは「愛ある生活」「生きがいの

ある仕事」「健康であること」「お金に困らないこと」です。これが私のこだわることです。

ここにたどり着くまでには時間がかかりました。

私は結論を出すのに7年かかりました。きっかけは私が30歳のとき、2人の親友の親御さんが同時期に亡くなったことでした。そのとき、「自分もいつかは死ぬんだ」と強烈に意識しました。

「1日、1時間、1分、1秒……この瞬間も確実に棺桶に近づいている」

そして、

「いつか死ぬなら自分は何のために生きているのか？」

「死ぬときに自分の人生は幸せだったと思うにはどうしたらいいのか？　自分にとっての幸せとは何か」

と、真剣に考え始めました。

父親、友人、誰かれかまわず、「何のために生きているの？」と聞きまくりました。

それでもなかなか合点のゆく答えに出合えませんでした。

そして6年が過ぎ、私は1つの結論に達しました。坂本龍馬は「この世に生を得るは事を成すにあり」と言いました。この世に生きている意味は、自分の思い描く理想や、仕事を成し遂げ成果を残すためです。生きた証を残すことです。

世の中で最もシンプルな成功法則と言われているものがあります。

それは、万人に共通に与えられている「命と時間」を大切にすることです。

ところが「怒る」とは、命を縮め、時間をロスする行為です。つまり「怒る」ことは成功から遠ざかる行為です。

人生の限られた時間を「怒り」に費やすのは無駄です。「怒り」という感情に支配されるのは愚かなことです。不機嫌、イライラ、怒りといったマイナス感情が、私たちの人生をどれだけつまらないものにしているでしょうか。

自分の感情を自分でコントロールできれば、人生は変わるのです。

そのなかの一環として、自分にとっての幸せを考えました。そして前述の4つをバランスよく、高いレベルで維持することだと考えました。

もっと短期間で決められる人もいるでしょうし、もっと時間がかかる人もいるでしょう。

でも、多少時間がかかっても決めておく価値のあるものです。

自分にとっての幸せの形がわかるから、何を改善すればいいかがわかります。

それをパートナーと共有し、2人で幸せになっていけます。

たとえば、「生きがいのある仕事」とは、共働きなら自分もパートナーも生きがいのある仕事をして輝くことですし、もし子どもがいれば、子どもも生きがいのある仕事ができるようサポートすることです。

幸せの形が明確だからこそ、パートナーとともに幸せになれます。こうすることが2人の幸せになるという確固たるものがあれば、日々の決断や行動が場当たり的にならずに済みます。ちょっとした違和感をとらえてイライラすることがなくなります。

02

開示することの大切さ

幸せの形が共有できていない

幸せの形はパートナーに開示し、共有しておきます。そうしておかないと頑張れば頑張るほどすれ違うという悲劇を招くことになります。

知人の男性の話です。彼は朝6時に家を出て、夜11時に帰宅するという生活を20年続けてきました。あるときいろいろなきっかけがあり、転職を決意しました。その際、奥さんに「どういう会社がいいと思うか」と相談しました。

すると意外な言葉が返ってきました。

彼は一生懸命働き、できるだけたくさんのお金を稼ぐことが大切で、家族はそれを

望んでいると思っていました。ところが奥さんに、

「給料はいまの半分でもいいから、家の近くで働いて、早く帰ってきてほしい」

と言われました。

「いざとなったら私が働けばいいんだから」

彼は「ものすごくショックだった」と言いました。

「いままで、一生懸命働き、たくさんの給料をもって帰ることが家族の幸せだと思い込んでいた。ところが妻は違うことを望んでいた」

幸せの形は人それぞれ違います。**自分にとっての幸せが、パートナーの幸せとは限りません。**

147ページの紹介した「お金」「仕事」「家族」「名誉」「恋愛・結婚」「学歴」「健康」の7つを、自分が幸せになるために必要だと思う順番に紙に書き、「せーの」で見せ合っていれば、こうならなかったかもしれません。

こだわりを伝える

自分が大切に思っていることでも、相手は大切に思っていないことがあります。

私のこだわりである「愛ある生活」「生きがいのある仕事」「健康であること」「お金に困らないこと」という4つについて、現在では妻と共有しているのですぐに話し合うことができます。

男性はこうしたこだわりを目的、目標として当然のように掲げ、そうなるための行動計画を立てますが、**パートナーや家族と共有するところまで気が回りません**。ですがそうすると女性にはなかなか理解してもらえません。

私たちも最初から共有されていたわけではありません。

そういう場合、第一段階として、軽い開示が必要です。

自分がこういうことを大切に思っていると伝えます。

あるいは自分はこういう考えだけど、あなたはどうかと聞いてみます。

これはお互いの価値観を確認するうえで重要です。擦り合わせるとか、解決のために動く前の段階として、いまのところそれぞれのこだわりがどのくらい重なっているのか（あるいはまったく重なっていないのか）を確認します。

仮に違っていたとしても、「自分が正しくて、あなたは正しくない」「あなたは重要なことに気づいていない」などと、相手を責めてはいけません。

まずは、お互いの違いを認めることです。

イライラを解消するためにはとても重要です。

イライラの多くは「なぜ違うのか」に端を発しますが、その根底には自分は正しいが、相手は間違っているという思いが横たわっています。

そうではなく、**「よい」でも「悪い」でもなく、ただ確認できるとよい**でしょう。違っていても気にする必要はなく「ふーん、そうなんだ」と明るくも暗くもないトーンで言えばよいのです。

開示はお互いを理解するのに役に立ちます。「ああ、こういうところは譲れないのか」「こういう部分はこだわるのか」「そこにこだわるのにこれはスルーなんだ」などと次々に発見があります。この発見を楽しむことが、自然な擦り合わせにつながっていきます。

重なる部分が多いと価値観が似ているということになります。もともと重なっている部分の多い2人もいますし、そうでない2人もいます。

ただ、開示し、擦り合わせることによって重なる部分は増えます。

元は重なっている部分が少なくても、短時間で重なる部分が多くなるカップルもいます。時間をかけて少しずつ重なっていくカップルもいます。長い間いっしょにいても擦り合わせをしなければ重なる部分は増えません。

重要なことに限って開示しないことが多い

話し合いが少ないカップルが多いという話を前にしました。

極端な例ですが、電車のなかでこんなカップルを目撃しました。2人は彼女の誕生日に高い指輪をプレゼントし、レストランで食事をしてきたようでした。仲良く話していたのですが、男性が「このまえ友達に飲み会に誘われたけど行かなかった」という話をしてから雲行きが怪しくなりました。

男性は「飲み会をがまんしてまでお金を貯めて、誕生日を祝いたかった」ということが言いたかったのだと私は理解しましたが、女性は「なんで飲み会をがまんするの。友達付き合いはちゃんとしてほしい」と言いました。

「いや、お金がなかったから」

「お金がないなら、こんなに高い指輪とかいらないよ」

「そういうんじゃなくて」

「だったらお金貸すから飲み会に行ってよ」

はた目にもすれちがっているのがわかりましたが、本人たちは大きな声でケンカを始めてしまいました。

どんなに会話のない2人でも、話し合わざるを得ないピンチの場面があります。お金こと、仕事のこと、親のこと、子どものことなどなど。ですが、重たい議題をギリギリのタイミング話し合うのは正直なかなか難しいのです。

そうではなく2人の幸せに関係していそうなことであれば、**「えっ？」と思ったときに、普段から意思表示をしていきます**。「えっ？」とは、何らかの違和感を覚えるということです。

それに対して「違うね」と軽い開示をしてみます。

そのうえで相手の反応を確かめながら「擦り合わせる」か「擦り合わせない」か決めます。「擦り合わせない」なら「違う」ことを確認して終わりです。「擦り合わせないけれど知っておいてもらう」ということです。

これもイライラをなくすことにつながります。「擦り合わせる」なら「じゃあ、どうしていこうか」と考えます。

共通体験で価値観を開示し合う

価値観の開示にはきっかけが必要です。

価値観の4分類

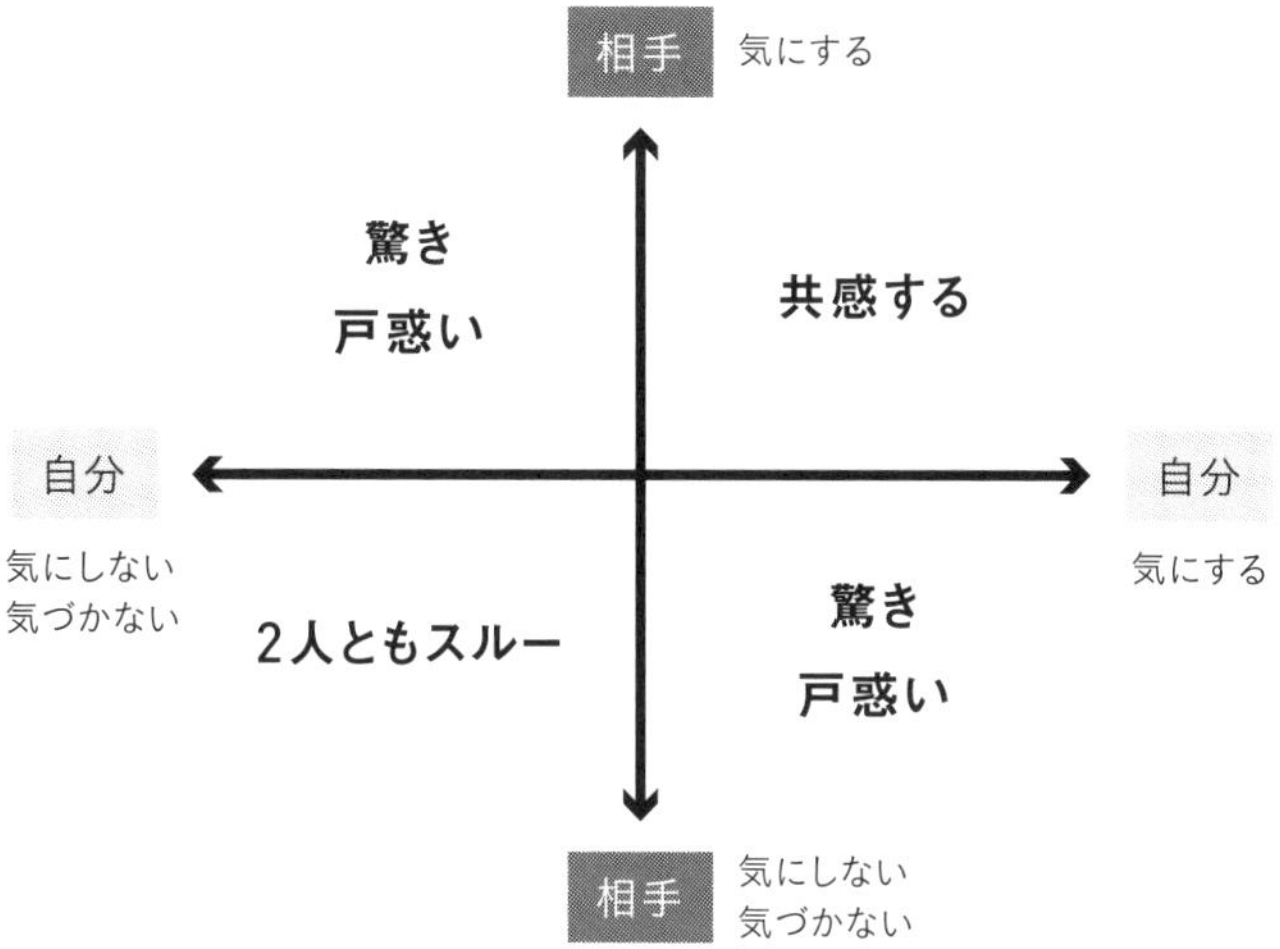

いろいろな出来事をいっしょに見聞きしたときが、価値観の開示のチャンスです。

第三者の言葉や行動に対し、パートナーが「あれはいいね」「あれはひどいね」など言ったとします。それが、自分の枠にも入れば共感します。

一方、第三者の言葉や行動がパートナーだけに響く場合、自分の枠には入らないので、

「あれのどこがいいのか?」

「なんでそんなことで怒っているの?」

という気持ちになります。そのときに、「あんなのがいいの?」「何、怒って

るの？　馬鹿みたい」などと言ってはいけません。「ああ、こういうところに反応するんだな」と受け止めることが大切です。

反対に自分が反応したことに対して、相手が反応しないこともあります。そのときも「リアクション薄いよ！」などとは言わず、**自分と相手の違いを楽しんでください。**

私の経験です。あるとき、小さな子がレストランで大騒ぎしていました。それを見た、その子の母親が、「やめてちょうだい！　お母さんが恥ずかしいでしょ！」と言いました。

妻といっしょにいたので「母親の発言についてどう思う？」と聞きました。「私が恥ずかしいからやめて」というのは母親中心の考えで、「子どもにとってどうなのか」という考えではありません。

私が「そういうのはよくないと思う」と言うと、妻も「私もそう思う」と言いました。

このケースでは第三者の行動について、２人の反応と評価が一致しました。

「それなら私たちは、自分たちがイヤだから子どもにこうさせようという発想はもたないようにしよう。子どものために親としてどうするべきかを考えよう」と話しました。

「人のふり見て我がふり直せ」と言いますが、**第三者の言動によって2人の価値観を確認する**ことができました。

開示はとても大切です。ちょっとした開示をしておけばイライラしたり、重くならずに済んだのにということがあります。

お互いのこだわりを定期的に確認する

私はこれまで「老後」のことを考えることはありませんでした。でも、最近真面目に考えなくてはと思い、擦り合わせるようになってきました。私も50歳を過ぎ、子どもは小6。あと10年で子どもも相手をしてくれなくなります。私も妻も友達がとてもたくさんいるわけではなく、最終的に残るのは2人です。

60歳すぎて仲が悪かったら楽しい人生とはいえません。

そのことを軽く開示をしました。

「共通の趣味を見つけない？」

「いっしょにできることを探さないと老後は寂しいよね」

という話をして、彼女が「そうだね」といったので2人で擦り合わせることになりました。

妻からは「テニスはどう？」と言われましたが、「それはできないかな」と答えました。その後、「ジムは？」「2人で毎朝ウォーキングする？」「どこかに旅行に行く？」などといろいろなアイデアが出てはいますが、いまのところ決まっていません。これからも話し合っていきます。

こだわりは、新しく加わるものもあれば、なくなるものもあります。

老後については、私が軽い開示をしたとき、すぐに擦り合わせるつもりはなかったのですが、意外によい反応が返ってきたので、自動的に擦り合わせるゾーンに入ったという感じです。

相手の価値観がわかっていないときもこれは使えるでしょう。

03 考えを擦り合わせる

価値観の差からくるイライラ

パートナーの考え方や行動に対する違和感は、イライラや怒りを生む素になります。ですが、**自分にとっては当たり前のことなので、そのせいでイライラが生まれていると気づきにくい**ものです。

長い期間交際していた2人が同棲生活を始めました。

男性はきれい好きでしたが、女性はそうではありませんでした。食器はテーブルに放置し、服は脱ぎっぱなしでした。

男性は最初は1人で掃除をしていました。しかし、そのうちに自分だけが掃除をすることにイライラするようになりました。「片付けてほしい」と頼みましたが、女性は「わかった」とはいうものの行動は変わりません。

あるとき怒りが爆発しました。

「おまえは汚す一方だ。俺は始終掃除している」

「あなたは神経質過ぎる。自分の部屋をどう使おうと勝手でしょ」

ケンカが絶えなくなり、やがて2人の同棲生活は終止符を打ちました。

考え方や行動の違いが、イライラや怒りの原因となっていることは多いのです。自分では当たり前だと思っている生活習慣が、思いもよらぬところで、誰かをイライラさせていることもあります。

ある男女が結婚生活を始めたときの話です。

男性は子どもの頃から風呂のなかで歯を磨きました。それが彼の習慣でした。

女性はそれに驚きました。歯磨きすることそのものよりも、口に入れる歯ブラシを風呂場に放置することが、生理的に受け付けられないと感じました。

しかし、女性はそのことを口にすることができず、イライラを募らせていました。

そのうちに女性は次第に男性の**行動の違和感にだけ注目する**ようになりました。

「梅干しの種をお茶のなかに入れる」

「歯間ブラシの匂いを嗅ぐ」

「髪の毛を抜いて机の上に置いている」

女性はそのことをずっと口にできずにいました。長年の習慣なのだから治らないだろうという思い込みもありました。

あるとき、女性の友達が家にやってきて飲み会になりました。男性も加わりました。

やがて話題がお互いの彼氏の「奇妙な行動」になったので、女性は酔った勢いもあり、「この人、お風呂で歯を磨くんだよ」と言いました。

男性は「え、そうだっけ」と飄々としています。

「うん、そうだよ」

「ヘン？」

「ヘンていうか、お風呂場に歯ブラシ置いといたら雑菌がついちゃうんじゃない。体によくないんじゃない？」

「あ、そうか。じゃあ、やめる」

と男性はあっさり風呂で歯を磨くことをやめました。女性は**こんなに簡単に解決するならもっと早く言えばよかった**と思ったそうです。

2人の共通の価値観を少しずつつくる

共通の価値観を積み上げていくには、自分の気持ちや考えを伝えることが大切です。

心のなかにイライラの素を感じたら、それが大きく育つ前に、きちんと、穏やかに伝えます。

食事をしながら、「あのことについてこう考えた」「あれはいいと思った」「あのとき不快だった」などと伝えてもいいでしょう。

決して愚痴を言い合っているわけではなく、価値観を擦り合わせるのです。

これは早いうちから意識して行うとよいでしょう。長い間何もしていないと、イライラが溜まっていきます。気づいたときには、かなり離れてしまっていることがあるので、共通理解をもつのは少し難しくなります。

私にもこんな経験があります。あるとき、私が子どもに対して怒っているのを妻が見て、「そこまで言わなくても」と助けに入ったことがありました。

そのあと、私は妻に、「あのとき、なんで俺が怒っていたのか理解している？」と話し、「僕の意図や考えがあるのだから、否定しないでほしい。お互いに疑問に思うことがあるときは、あとで子どものいないところで話し合おう」と提案しました。

こうやって、私たちは共通の価値観を積み上げていくようにしています。

違和感をどう伝えるか

2人でいると心のなかの枠は2つになります。

相手の言葉、態度、反応、行動が、自分の枠のなかに入れば、「そうだよね」「その通りだよね」と共感します。相手の言葉や態度、反応、行動が枠の外に返ってくると、「え？　なんで？」「それおかしくない？」と違和感を覚えます。

違和感のうち、幸せに関係する部分は擦り合わせる必要があります。


たとえば夫婦間のトラブルの原因として、お金の使い方は大きなテーマです。

全国20～60代の既婚男女686名に「夫婦ゲンカの原因」について複数回答で実施した調査結果によると、夫婦ゲンカの原因の第1位は「お金（27・8％）」でした（しらべぇ編集部、2017年11月実施）。

お金の使い方は幸せに関係します。擦り合わせがうまくいかないときは、別離に向かう可能性もあります。立て続けに相談なしで大きな買い物をしたり、貯蓄に回す分まで使っていたり、ギャンブルに入れ込んだりすると問題です。

こういうときは自分の不快感を伝えるとよいでしょう。

最初にやってほしいのは、先ほどもお話ししたように「盗人にも五分の理を認める」ことです。

悪いと感じることでも、**その行為をする人には必ず理由があります**。納得できるかどうかは別として、必ず理由があるので、まずそれを聞きます。

「どうしてそうしたのか、考えを聞かせてもらっていい？」

お金の使い方について夫婦の考え方を確認するのが目的で、不満を相手にぶつける必要はありません。だから冷静に聞きます。こうすることで、あなたのイライラが相手に伝染したり、イライラが怒りへと発展するのを避けられます。

もし聞いた理由が理解できないなら、どうしてほしいかを伝え、決め事をつくります。たとえば、「5万円以上の買い物をするときは、一言言う」などです。

ただし、決め事をつくるのは相手も納得してくれたときだけです。文句を言いながらでも、合意したうえで決め事をつくります。そうしないと、次のイライラや怒りを生む種をつくってしまいます。

話し合って「貯める係」と「大事に使う係」を決める

私は結婚した当初は、給料をすべて妻に渡していました。

しばらくして妻に「貯金はいくらあるの？」と聞いたら「あまりない」と言われました。決して無駄遣いしているわけではないのですが、積極的にお金を貯めていないこともわかりました。

そこで何度か話し合い、私が貯める係、妻が大事に使う係になることを提案しました。

さらには家計のお金の入れ方についても話をしました。

私は月によって収入が違います。収入に応じて家に入れるお金が増えたり減ったりするのと、毎月一定の金額を家に入れるのとどちらがいいかを聞きました。妻が後者を選びました。

ただし、お金の話は2人の働き方によって変化します。

かつての男は外で働き、女は家庭を守るという時代は終わり、現在は共働きのカップルのほうが多くなっています。

共働き家庭で、お互いに同じくらいの収入があると、お金が共有の幸せにならないケースがあります。「共通の財布」であれば価値観を合わせたほうがよいですが、お互いに自立している場合は、擦り合わせなくてもよいケースもあります。

私は6年間シンガポールに住んでいました。シンガポールでは男性も女性も自立していて、男性が女性におごるという感覚があまりありません。女性と食事をして「ごちそうしますよ」と言うと、当たり前のように「割り勘にしましょう」と言われます。さらにお互いいくら稼いでいるか知らない夫婦もけっこういました。

日本でも女性が外で働くことが一般的になってくると、お金に対する考え方が変わってくるでしょう。数十年前の「男は外で稼ぐもの」「俺が稼いでいるのだから」という価値観は古いものになっています。

子どもの教育にもお金は大切

私は子どもにお金の教育をしていくべきだと考えています。

お金はもらうものではなく、稼ぐものだという意識づけをしておきたいのです。

私は子どもが何かをねだったときに、冗談半分で「それならば自分で稼いでから買いなさい」と言うことがあります。

妻は「いま稼ぐことができない子どもになぜ現実的でないことを言うのか」と言います。それは確かに一理あります。ただ、「そうしろ」ということではなく、「お金はもらうものではなくて稼ぐもの」という意味で言っている、と伝えました。

そのとき彼女のお金に関する行動への違和感を伝えました。

「買い物してきてくれたらお駄賃をあげる、という言い方をするけど違和感があるんだよ。そうすると子どもは、何かをやったらお金をもらえるとマインドセットされるから、お金がもらえなかったら何もやらないようになってしまうんじゃないかな」

「そう思っていたなら、なんで今まで言ってくれないの？」

「君がそうしたいなら、それでいいと思っていたから言わなかった。たまたまお金に関することが出たから伝えただけで、やめてくれというつもりで言ったわけではない」

つまり、私は違和感を開示しました。

自分が大切だと思っていることについて開示することは重要です。

言ってみて、相手の反応によって解決に向かうこともあれば、受容に向かうこともあります。

あるいは納得はできないけれど一時的に追放にしておくということもあります。

私の場合は「お使いに行ったらお小遣いをあげることの違和感」を開示しましたが、その件に関しては彼女のやり方だと思って受容していました。受容していたのだけど、たまたまタイミングがいいから開示しておいたという感じです。

私がこれからの世の中に必要だと思っているスキルは5つです。ファイナンス、コミュニケーション、IT、英語、マーケティング（セールス）です。

とりわけファイナンスは大切です。

息子には「大学に入るときに１００万円渡す。卒業するまでに１００万円にして返せ」と言っています。大学４年間を使って、お金の勉強のために投資の勉強をしろということです。要はお金の勉強のための投資だと思っているので、極端な話、なくなっても構いません。これには妻も合意しています。そのためにいまから毎月少しずつ積み立てをしています（笑）。

健康の大切さ

私と妻がシンガポールに行けたのは両親が健康だったからです。母が他界して、父が１人になっているいまの状態では行けないなと思います。

夫婦でどちらかが寝たきりや病気になったらどうでしょうか。親がそうなっただけでも大変なのに「身近にいるお互いがそうなったらつらいね」と話しました。お互いに健康でいるようにコントロールしていこうという話になりました。

私が健康のことを初めて気にしたのは30歳後半です。

20代の頃に、取引先の50歳くらいの人とゴルフに行ったときに、「若い頃の不摂生は35歳を過ぎてからくるよ」と言われました。そのときは正直ピンときませんでした。35歳を過ぎてからも、体力が落ちる感覚がまったくわからなかったのです。

しかしながら37歳くらいになって、「あれ？」と思うようなことが少しずつ起こり始めました。

たとえばお酒が残る、ちょっと運動すると息が切れるなど体力が落ちている感覚がわかるようになりました。年をとっている感覚が芽生え始めました。

それからジムに通い、健康に気を使うようになりました。

前述した通り、**「私にとっての幸せとは何なのか」という自分の概念を確立したのも大きかった**と思います。「愛ある生活、生きがいのある仕事、健康であること、お金に困らないこと」をできるだけハイレベルで保っておくことが、私の幸せだと決め、健康もハイレベルで気を使い始めました。

そして、死というものを考えるようになりました。

自分の死を看取ってくれる人がいないのはやはり寂しいと思います。

04

擦り合わせられない価値観の対処法

どうしたら違和感を受容できるのか

なかには擦り合わせられない価値観があります。

そのために別れてしまうカップルもいます。思想・心情、宗教観、政治観などです。**擦り合わせられない価値観は事前に知っておくことが重要**です。たとえば、私の友人にある宗教の熱心な信者がいました。宗教に関係ない人と恋愛関係にあったこともありますが、結婚相手は同じ宗教の信者と決めていました。

そこまで重要なものでなければ、受け入れるか、一時的に追放するという方法があります。

私は、かつては家具やインテリアについて自分なりの好みがありました。自分の好みを開示し、妻と意見が違うときは話し合っていました。

しかし、いまは受容しています。妻のほうが家にいる時間が長いので好きにすればいいと思っています。多少の違和感はあっても、受け入れると決めています。２人で選びにいっても「私はこっちがいいけど」と開示することはありますが、最終的にはまかせています。

揉め事が起きたとき、片方だけが悪いということは、まずあり得ません。どんなにひどいことを言われたとしても、そのきっかけや理由があるはずです。

私は何か言われたら、**「この人はなぜこんなことを言うのだろう」と考える**ことにしています。それによって自分の置かれた状況を客観的に整理できますし、溜め込むストレスも軽減されます。

「それは違う」と思うときもありますが、「そういうこともあるかもしれませんね」とか、「ああ、なるほど」とか、相手の言い分をいったん認める言い方をします。

そして、いったんその場から離れたり、日を改めたりします。

いま起きた問題は何か、登場人物は誰か、自分はどんな発言をしたか、そのときの態度はどうだったか、どんな行動をとったのか、最終的に、**現在自分がやるべきことは何だと思うか**、と書いていきます。

瞬間湯沸かし器にならない

「怒らない技術」でとても重要なのは、「反射しない」ということです。瞬間湯沸かし器にならないことです。

セミナーを終えたあと、参加していたある学校の校長先生に、「嶋津さんの本に救われた」とお礼を言われたことがあります。

かつてこの校長先生は、先生方に対して怒鳴り散らすことが多く、職員室は静まり返り、学校は荒れていたそうです。生徒が問題を起こす度に担任を厳しく叱責していましたが、状況は改善しませんでした。そんなときに、拙著『怒らない技術』のなかの「まずは怒らないと決める」というメッセージに出会ったそうです。「私は怒らないという選択肢があるにもかかわらず、自ら怒ることを選択していたと気づきました。それから怒らないと決めたのです。シンプルなことなのですが、効果抜群で、人生が変わりました」

校長先生の決断により学校は変わりました。校長先生が怒らなくなると、先生方が変わり、職員室が変わり、生徒たちが変わりました。

誰かに何か言われたり、やられたりしたことに対し、即座に反射すると怒りとなって表れやすいものです。

そこで、**いろいろな方法を使って「間」をとる**のです。

問題なのは、考えることなく条件反射で応答していることです。

脳の機能には「思考系」と「感情系」があります。

「思考系」とは、断片的な情報を連想し、つなぎ合わせ、合理的な判断をしようとする機能です。一方の「感情系」とは脳の原始的な欲求に関することです。お腹が空いたら何かを食べたくなりますし、疲れてきたら休みたくなります。こういった人間の生理的な欲求全般に関する機能です。

イライラや怒りは感情系が優位になっているときに生まれやすいのです。そこで「間」を置いて、「思考系」が働くチャンスを与えます。学問的には6～10秒と言われています。

ストップシンキング（思考を止める）は、イライラするような出来事が起きた瞬間に、頭のなかで、1、2、3……というふうに6つ数えるというものです。

それだけでもスッとイライラや怒りが収まってくるのがわかります。

イライラしたら、その場から離れることがおすすめです。それによって脳の感情系が暴走してしまうことに歯止めをかけるのです。タイムアウトというスキルです。

カップルで話をしていてイライラしたときは、怒りの空気が渦巻いているその場から離れます。相手がイライラしていると感じたときも同じです。

たとえば、「ごめん、ちょっとトイレに行ってくるね」「あ、そうだ。（植物に）水やりするのを忘れてた。3分だけ待ってもらってもいい？」などと言って席をはずします。そして、窓の外を見たり、外へ出て深呼吸したりして心を落ち着けます。相手にとっても冷却時間になります。

体と感情はセットなので、体を動かすことで感情を変えることができます。

イライラは悩みや不安から生まれます。

悩み苦しんでいる人が多いのは、それだけ生真面目な人が多いということです。生真面目な人は悩みと正面から向き合い、「この問題が解決しない限り、自分の人生は一歩も前に進まない」と思ってしまうのです。

イライラと接近しすぎ、悩みと自分との「間」がなくなってしまいます。優位になった感情系の働きに拍車がかかっていくだけです。そこで、目の前の風景を変えて「間」をとるように心がけるのです。

これをリロケーションアイと言います。

昼休みに行ったことのないカフェに入ってみる、いつもと違う経路で通勤してみる、違う駅で降りて歩いてみる、いつもと違う店で買い物をしてみる、などの方法があります。

本格的なリロケーションアイには、パートナーとの物理的な距離をとるという方法もあります。いっしょに暮らしていたら、1〜3日間くらいと決めて友達の家やホテルに泊まります。効果的に「目の前の景色を変える」には、日常体験していることではなく、

- やったことがないこと
- チャレンジしたことがないこと
- ちょっとストレスがかかること

を敢えてやるのがポイントです。

いろいろな方法はありますが、反射しないということがものすごく大切なのです。それだけで冷静になれ、「でもね」と話すことができます。

第6章

コントロールできるイライラだけに目を向けよう

「女は深く見るが、男は遠くを見る。男にとっては世界が自分で、女にとっては自分が世界」

クリスチャン・D・グラッペ（19世紀／ドイツの劇作家）

01 イライラした出来事を4分類する

変えられないのは他人（パートナー）と過去

男と女にはイライラがつきものです。怒りやイライラといった感情をなくすことはできませんし、なくす必要もありません。

重要なのは、これらの感情を上手にコントロールすることです。

そのために何をするか。具体的には、まず、コントロールできること、できないことを区別します。

コントロールできないものとは何か。

大原則として、他人（パートナー）と過去は変えられません。

どんなに好きなパートナーであっても根っこは他人。長年寄り添った夫婦であってもそうです。クールに考えるわけではなく、変に甘えることなく、**「他人は変えられない」と割り切ることが大切**です。

パートナーを「替える」こと（離婚）はコントロールできなくはありません。ただし、時間がかかるし、精神的にも肉体的にもハードなので、最終手段ということにしておきましょう。**人ではなく出来事に焦点を当て、コントロールできるかできないかを考えるのが基本**です。

次にイライラした出来事を重要か、重要でないかで分類します。いざ向かい合うといろいろな出来事が重要に思えてしまうものですが、時間は無限にあるわけではないので、自分のなかに優先順位があるとよいでしょう。

これが172ページでお話しした「人生の幸せの形」です。私の場合、「愛ある生活」「生きがいのある仕事」「健康であること」「お金に困らないこと」がこれに当たります。この4つに関係する出来事が重要です。

すると次ページのようなマトリクスができます。ここにイライラした出来事を当て

イライラの4分類

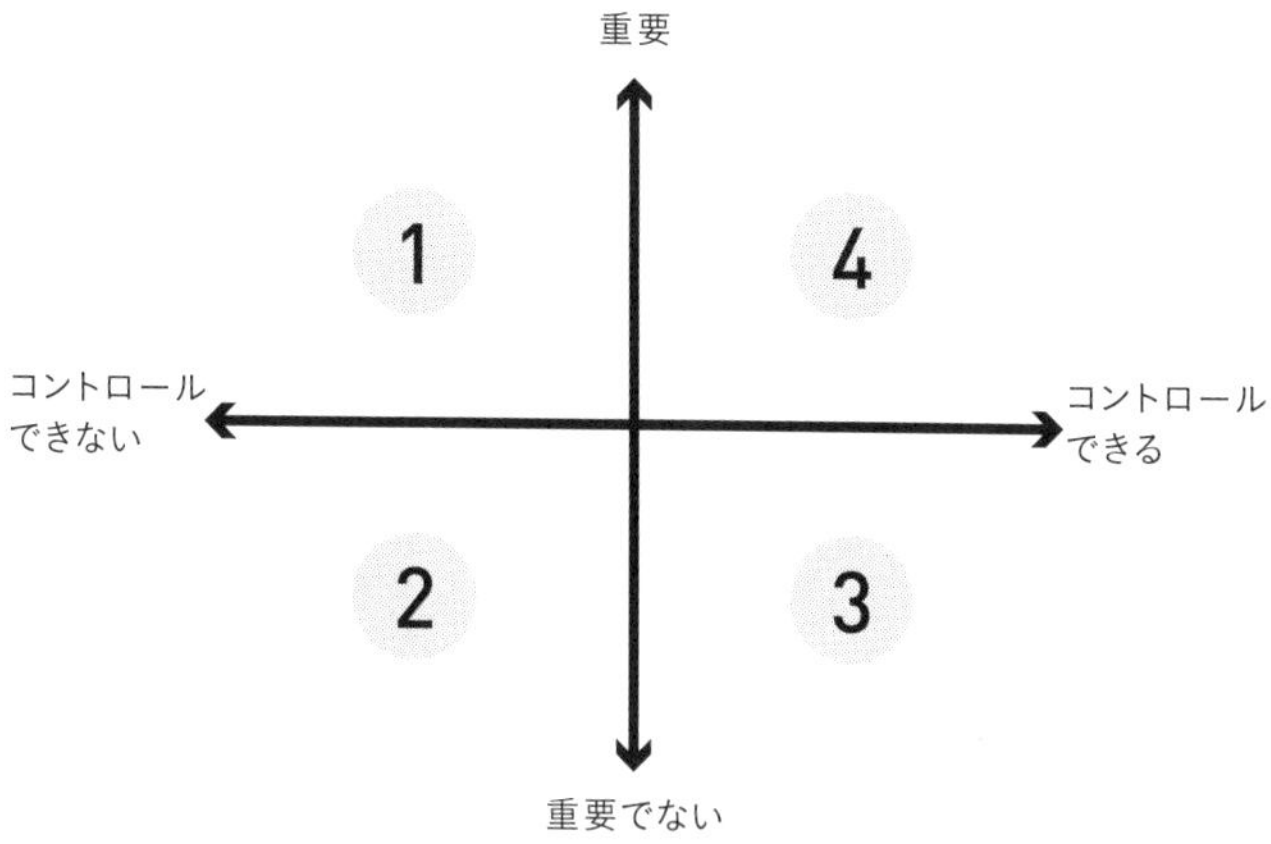

はめてみると、4つに分類することができます。

①重要・コントロールできない
②重要でない・コントロールできない
③重要でない・コントロールできる
④重要・コントロールできる

この分類は1人でやっても、パートナーと2人でやってもよいでしょう。1人でパートナーのイライラする言動をここに当てはめて考えたり、2人に起きたイライラをこのマトリクスを見ながら考えます。2人でやることでお互いの価値観がわかったり、価値観を擦り合わせることができます。

妥協していくことは重要

①〜④のうち解決に向けて努力するのは④です。①は重要ではありますが、コントロールできないので受容します。③は意味づけを変えて追放してしまいます。②と③は重要でないので関与しません。

2人でこのマトリクスに向かい合った場合です。2人とも④の出来事についてはいっしょに考えて解決していきます。

相手だけ④（自分にとっては①・②・③）のことは基本的には相手にまかせます。求められたら相談にはのりますが、相手の決断にまかせ、受け入れます。ただし、「あなたにとっては重要だけれど私にとっては重要ではないから関係ない」というスタンスではなく、相手がそのことを重要に思うことについて認めます。

相手だけ④（自分にとっては①・②・③）を相手にまかせるという態度はとても重要で

す。

私は若い頃、人生の先輩たちが「奥さんとケンカするのが面倒だからすぐに譲っちゃうよ」と言うのがよくわかりませんでした。自分が正しいと思っていることに対して、なぜ謝ったり、譲ったりしなければならないのかと思っていました。しかし、これは「相手だけ④（自分にとっては②・③・④）を相手にまかせる」ということだとあとになって気づきました。

自分にとっての①、②、③、④が明確になると、それは「あり」だと思います。

服の脱ぎ散らかしへのイライラを解消

具体的にこのマトリクスを使ってイライラを解消したいいくつかのケースを見ていきましょう。

最初は私の出張や旅行の準備の話です。

かつては妻に用意してもらっていました。すると出張先で「いつも使っているクリームが入っていない」「あのTシャツのほうがよかったのに」「このシャツとこのタイは合わないじゃないか」などとイライラしていた時期がありました。

自分のなかで妻を責める気持ちが出てきたので、「これはよくないな」と思いました。**「愛ある生活」をしながら、気持ちよく出張するにはどうしたらいいか。**

そこで自分で準備をするという結論に達しました。

ある女性の話です。帰宅後、同棲中のパートナーが部屋中に服を脱ぎ散らかします。玄関を上がって靴下を脱ぎ、歩きながらズボン、シャツと順番に脱いでいきます。「洗濯カゴに入れてほしい」と言ってきましたが、言うことを聞いてくれないので、毎日イライラしていました。

部屋をきれいにしておきたいというのは彼女にとって重要なことでした。そこでイライラした気持ちからいったん離れ、**自分に何ができるかと考えました。**すると彼が服を脱ぎながら部屋着の入っているタンスまで行き、そこで着替えることがわかりました。

そこで帰ってくる時間に合わせ、玄関近くに洗濯カゴと部屋着を置き、「お仕事お疲れ様。ここに入れてね」とメモを張っておきました。

すると彼氏は自然とカゴのなかに脱いだ服を入れたそうです。

似た例ですが、「どこにカゴをおけば脱いだ服を置きやすいか」と聞き、相談して場所を決めて専用カゴを用意した人もいます。

それでも守らない場合は「シャツ1枚100円」などと罰金制にして、ゲーム感覚をプラスしました。

諦めていた習慣が改善された

ある人は、くちゃくちゃと音を立てながら食事をします。パートナーは常々不快だと思っていました。遠回しに注意しても、改善されませんでした。自分で直そうと思ってもらわないとダメだなと半ば諦めていました。

あるとき子どもの誕生日にビデオを撮影し、食事の様子を撮影しました。それを家族で見ていると、子どもが「くちゃくちゃ食べている」と言いました。パートナーは恥ずかしそうにしていましたが、それ以降、気をつけるようになりました。

別の人は、爪を噛んだりむしったりし、カスを床やテーブルに放置していました。爪を噛む癖はなかなか治りませんが、パートナーはコントロールできると思いました。「爪のお手入れをしてあげる」といって、まめにカットしてあげることにしました。爪がきれいになっていれば、爪を噛み切ることもありません。スキンシップも増えて一石二鳥だと考えています。

頑張って作った料理を「まずい」と言われた

ある男性は家事全般を引き受けています。女性は普段料理について何もコメントしないのですが、口に合わないときだけは「まずい」とはっきり口に出します。男性はイライラしていましたが、「おいしい料理を作るには好みを聞くことが大切だ」と前向きにとらえ、こんなふうに言ってみました。

「好みに合う味にするから、どこがまずかったか教えて。口に合ったときにも言ってもらえると、わかりやすいな」

するると「今日の味付けは少しからい」「肉は脂身が少ないほうがいい」とコメントが具体的になり、「今日のニンジンはおいしかった。この季節のニンジンは好き」などと褒めるコメントが出てくるようになりました。

パートナーの親もコントロールできない

別の女性は、結婚後も夫をあれこれ世話する姑にイライラしていました。悪気がないことはわかっているのですが、「あの子はこの煮物が好きだから」「おでんが好物だから」とたくさんの料理をもってくることに「子離れできていない」とその都度イライラしていました。

「世話を焼くのは遠慮してほしい」と夫から伝えてもらいましたが、効果はありませんでした。女性はイライラが収まらなかったので、信頼する先輩にこの話を聞いてもらいました。

すると先輩は「お義母さんの行動をコントロールするなんて無茶だよ」と笑い、「それより料理を作ってもらってよかったじゃない。料理する手間が省けるから。ストックできるものなら最高だね」と言いました。

女性は確かにそういう見方もできると思いました。実際、仕事から帰ってから夕食を作るのが大変なのです。そこで姑に「あの煮物おいしかったです」と感謝することにしました。マトリクスで言えば、**①と考えていた出来事が、②に変わった**わけです。

この女性の場合、先輩の存在がとても大きかったでしょう。イライラした場合、1人で思い悩むとイライラは大きくなっていきますから、吐き出す必要があります。この先輩のような**メンターがいるとイライラは消えやすくなります**。

パートナーの親に対するイライラをもう1つ。

夫の散財癖に悩む女性の話です。恋人時代からお金の使い方が荒いと感じていましたが、年々同僚との飲み会が増え、毎晩のようにキャバクラに通います。小遣いは渡していますが、なくなるとタクシー代や飲み代をその都度要求されるので、生活費がなくなります。その結果、女性は生活費をキャッシングすることが多くなり、家計は悪化する一方です。

原因を探ってみると、夫の両親にあるような気がしてきました。夫の借金癖は昔からのもので、両親がこれまでは借金の尻拭いをしてきました。それを知って以来、夫の両親へのイライラが強くなりました。

「義父と義母を説得して、もう借金の尻拭いはやめてもらおう。そうしないと夫の借金癖は直らない」

しかし、人をコントロールすることは基本的にはできません。**重要でコントロールできる問題にフォーカスするならお金の使い方**です。

2人は、家計の状況を見ながら、お金が幸せになるために重要かどうかを話し合うことにしました。お互い「重要」という認識だったので、夫の使えるお金を一定に決め、通帳、保険証などは女性が管理すると決めました。

手伝ってくれないのではなく、手伝い方を知らない

子どもが泣いていても知らんぷりのパートナーにイライラしている人がいました。

「男って何かに夢中になると周りの音が聞こえなくなるの」

「なんで子どもがギャーギャー泣いているのにゲームに夢中になっているの」

女性はイライラを鎮めるために「魔法の呪文」を唱えることにしました。

「きっと何か理由があるはずだ」

何かやったときには必ずその人なりに理由があるのです。同じようにこれだけ家のなかがバタバタしているのに何もやらないのも理由があるはずです。なるべく心を落ち着けて、

「子どもが泣いてるからちょっとの間だけ抱っこしてくれるとうれしいな」

「いやあ、育児は手伝おうと思っていたんだよ。でもこの前、抱っこしたら首がぐにゃぐにゃで。それからお世話するのがちょっと怖くてさ」

「ああ、そうなの。じゃあ、他のことならやってくれる？」

「いいよ。何かあるの？」

実際に聞いてみるとパートナーは**「何をしていいかがわからなかった」**のだそうです。育児というと赤ちゃんのお世話をするものと思いがちですが、赤ちゃんのお世話をしているお母さんをサポートする間接的な育児もあります。

お母さんが育児に集中できるように、買い物に行ったり、掃除をしたり、洗濯をしたりというのも間接的な育児です。

父親の育児参加が進んできたとはいっても、現実には、まだまだ育児の現場を支えているのはお母さんです。そのお母さんの労をねぎらい、「いつも頑張って子育てしてくれてありがとう」と感謝の気持ちを伝えていきます。

それでも母親は1日の疲れが癒やされ、また明日も子育てを頑張ろうと思えます。

男性は目に見える「もの」や「こと」だけが支援だと思いがちです。「困っている人がいても何もできない」と思ってしまいます。ですが気持ちを分け合うことが大きな支援になるのです。

子どもの頃、熱でうなされているときに、母親が手を握ってくれたという経験はありますか。せきこんでいるときに背中をさすってくれたという経験はありますか。私はあります。ずいぶんと楽になりました。あれと同じです。

もしものときに備える話も大事

私自身将来について考えてみると、3つの不安要素があることに気づきました。

それは、「自分が死んだあと」「仕事がなくなったとき」「仕事はあるが病気やケガで働けなくなったとき」についての不安です。

これは私にとっても妻にとっても①に入る話です。なるべく早いうちに解消しなくてはいけないと思い、いろいろ思案した結果、現在は以下のことをしています。

「自分が死んだあと」については、妻に「遺言ファイル」を残し、その通りにしてもらえば、家族はなんとか暮らしていけます。

ファイルのなかには、銀行口座、保険、不動産などを一覧にしたエクセルデータと、妻、子ども、両親宛のメッセージを記したワードファイルがあります。妻には、「もし何かがあったら、このファイルを開いてほしい」と言っています。

「仕事がなくなったとき」については、なくならないよう努力していくと同時に、仮になくなったとしても、何とか食べていけるくらいの不労所得を確保できるめどを立てています。

「病気やケガで働けなくなったとき」については、所得保障保険をかけています。

この保険は、病気やケガなどの理由で働けなくなったときに所得をある程度保障してくれます。

仮に60歳まで保険を払い続けると200万円程度の投資になり、掛け捨てでやや高めではありますが、自分と家族が路頭に迷わないようにと、この保険に入りました。個人で仕事をしている人であれば、必要な保険だと思います。

いかがでしたか。**重要かどうか、コントロールできるかどうかという視点で、イライラを分類し、解決に向けて行動してみる**ことで何かが変わっていきます。

02

ビジネスはスピーディ、男女間はスローリー

目標達成のために時間管理する男、臨機応変に現場処理する女

2人が「重要でコントロールできる」と考えるテーマはどのように話し合っていけばよいでしょうか。

基本的なスタンスとして「ゆっくりやること」が大事です。

ビジネスはスピーディ、男女の問題はスローリー、というのが私のスタンスです。

これは一般論ですが、男性と女性では問題を解決するアプローチが違います。

男性はすぐに問題を解き始めますが、女性は困っている人と共感しようとします。

男性は目標を設定し、タイムマネジメントし、仕事はシングルタスクで1つずつ

やっていきます。

女性は目標を設定しても、臨機応変に現場処理し、仕事はマルチタスクで並行に動かしていきます。

男性は1つに集中したいのですが、女性は複数のものを同時並行的にやっていきたいのです。男性が10リットル入る器を1つもっているとしたら、女性は1リットル入る器を10個もっています。

ある女性経営者に「男の整理整頓と女の整理整頓は違う」と言われハッとしたことがあります。

「男は机の上をすべてきれいにするのが片付けだと思っているが、非常に仕事の効率の悪いやり方だと思う」

目的を共有するといっても、目的のあるべき姿が違っていたのです。

つまり重要なことをコントロールしようと考えても、それをどのように進めていくかは大分異なります。

相手の考え方や行動に違和感を覚えたとき、この男女の特性を頭に入れておくとイライラしなくて済みます。

急ぐと感情的な話し合いになってしまう

会社であれば社長やリーダーがビジョンを語るので、どこへ向かって歩いていくかが自然と共有されています。

ですがカップルの場合、お互いに意識して確認していかないと、目的を忘れ、時にはイライラしたりケンカになってしまうことがあります。イライラしないようにアクションを起こしているのに、そのアクションによって新たなイライラが生まれます。

これが多くのカップルが共同して解決するのを避ける理由です。

対策としては、**目的を確認しながらも、ゆっくり進んでいくこと**です。

まず目的を見失いそうになったら、

「ちょっと待って。感情的な言い合いになっているけれど、いまの会話の目的はこうだよね」

「気持ちはわかるけど、議論している目的はこうだよね？」と相手に言えるとよいでしょう。相手にその一言が投げかけられれば、揉めたり傷つけ合ったりすることは減らせます。

たとえば、最初は子どもの将来について話していたのに、「子どもが勉強しない」という話になり、「勉強しないのはおまえが悪い」「いや、あなたから厳しく言ってほしい」などと揉めてしまうことはあります。そういうときに、「ちょっと待って。そもそも私たちがどう考えるかではなく、子どもが幸せになるために、親として何がしてあげられるのかを話し合わないとね」と示します。

毎日ちょっとずつ話す

次に**男女の問題解決に焦りは禁物**です。

お互いに価値観も違います。問題解決の方法も違います。時間をかけ、擦り合わせながら進めていこうという気持ちが大切です。

たとえば部屋が汚いとします。自分が整理整頓された部屋に住みたいなと思ったら、そのことをまず開示します。

「部屋、きれいになるといいよね」

という感じで率直に気持ちを伝えます。「きれいにする」のイメージもお互いに違うので、「どういう部屋にしたい？」「どういう部屋だと使いやすい？」と聞いてみます。

いきなりパートナーに対して「汚ねえな。掃除しろよ」「なんで汚くしているんだ」などの一方的な押し付けは関係性がおかしくなる元です。まず、相手もこの状態を汚いと感じているかを探ってみます。

「そうだね。きれいなるといいよね」

という答えが帰ってきたら、掃除に関する情報を2人で調べながら、少しずつ解決方法を絞っていきます。**話し合いは行き詰まったらやめるのがポイント**で、ダラダラしないほうがいいでしょう。少しずつ日を変えながら考えていきます。

たとえば、お互いに掃除が苦手であることを受け入れたうえで、

●1回目
「土日にいっしょにやろうか？」

「うーん、そうだね」
●2回目
「掃除の業者に頼むという方法があるらしいよ」

「そうなの。調べてみようか」
●3回目
「掃除の業者に頼んだらいくらかかるのか」

「値段調べておいて」
●4回目
「3万円くらいかかるらしいよ」

「お金はどうやって捻出する？」

●5回目

「お金はもういっぱい、いっぱいだよ。3万はムリ」

「じゃあ、土日にいっしょにやろうか」

「毎週は無理じゃない？」

「じゃあ、日曜の夕方にちょこっとやろうか」

1つ1つの出来事に対して、相手が何を思い、どう考えるのか、確認しながら進めていきます。

25年の計　妻の料理の腕向上プロジェクト

私の知り合いに、「妻の料理の腕向上プロジェクト」をもう10年以上続けている人がいます。

彼は家で奥さんの愛情のこもった、おいしい料理が食べたいという希望をもっていましたが、実際には、あまりおいしくなく、料理にあまり興味もありません。それは結婚する前からわかっていました。

彼は長くかかっても「奥さんの愛情のこもった、おいしい料理が食べたい」と思いました。真偽はわかりませんが、「2人で60歳になる頃にうまい味噌汁を作ってもらいたい」と言っています。焦って「料理が下手だ」「料理教室に通えば」などと言っては絶対にうまくいかないと言っていました。

最初は「おいしい料理が食べたい」という部分にだけフォーカスしました。ただ、奥さんの料理が食べたいことは伝えています。

おいしいものが食べたいときは、レストランで外食をすればいいと考えました。そのときは奥さんを連れて行き「これおいしいね。家で作れないかな」などと言ってみます。奥さんが時折作ってくれると「おいしいね。あと1つ何か入っていたような気がするけれど何だろうね」などとコメントしています。

その後も「もうすぐ子どもが生まれるから、料理教室に通って勉強したら、生まれてくる子にとっていいかもしれないね」などとタイミングや言い方に気をつけながら伝えています。

自分の思いや考えを伝えながら、すぐ伝わることもあれば、時間がかかることもあるかもしれませんが、いくつか出口を探りながら、解決したい物事に対して、**お互いにハッピーになるためにはどうしたらいいかを常に考えながら会話**をしています。

深いテーマは時間を十分とって、じっくり話し合う

ある先輩ご夫婦から聞いた話です。

結婚して十数年経ったある日、旦那さんが奥さんに切り出したそうです。

「一方的に感じていることなので、本当に申し訳ないのだけれど、最近2人の間に、ちょっとした溝のようなものを感じることがあるんだ。おまえはどう思う」

話し合ってみると、奥さんも「ちょっとした溝」を感じていたようで、旦那さんの言動に対する不満など、思いもよらない話が出てきます。

「そんなことが琴線に触れていたのか。ごめん。わからなかった。そんなつもりでは

なかったのだけれど」

「あなたはそういうつもりで言ったわけではないかもしれないけれど、私はそういうふうにしか受け取れなかった」

「それは悪かった。謝るよ」

毎日の生活のなかでは、小さな我慢、小さな違和感が放置されています。それが何年も続いていくと、次第に大きくなっていきます。

こうしたことは人が2人いれば、夫婦でも恋人でも友達でも、どんな関係でも起きます。ですから楽しい話だけではなく、**時には「ちょっとした溝」に目を向け、そこを埋める必要**があります。

最後にフランスの小説家アンドレ・モーロワの言葉を贈ります。

「老年は男女間の友情には最も適した時代である」

おわりに

カップルは身近にいることもあり、感情的になって、目的を見失った会話をしてしまうことが多いのではないでしょうか。

自分の思いや意図が相手にうまく伝わらず、相手の考えや行動をうまく理解できない。

お互い幸せになりたいし、ケンカしたいわけではないのに、コミュニケーションがうまくいかないために衝突してしまうことが多いのです。

では、理解し合えないのはなぜでしょうか。

私は私であって、あなたではない。

あなたはあなたであって、私ではない。

お互いの違いを受け入れるという前提を忘れ、なぜ理解してくれないのか、なぜ行動してくれないのか、と不満だけを募らせてしまうのです。

基本的にパートナーに必要なのはお互いへの尊重と感謝です。

「ありがとう」の反対語が何か知っていますか。漢字で書くと「有り難い」ですから、反対語は「当たり前」です。

夫婦や恋人として長い間いっしょにいると、本来ありがたいことでも当たり前になってしまいます。

ありがたさに慣れてしまうと、わかってくれて当然、理解してくれて普通、やってくれて当たり前という感覚になります。さらには、自分のなかの普通を相手の普通と勘違いすることによって、コミュニケーションミスを起こします。

生まれ育った環境や受けた教育、いろいろな環境でお互いの普通が違うなかで、違う生き物にもかかわらず、そういう関係性を築いてしまうのが男女なのです。

2人がハッピーになることが一番大切です。

そこを見失わずにコミュニケーションをすることを心がけることができれば、衝突は避けられます。

目の前の出来事にしても目的は何かをお互いにしっかり確認するようなコミュニケーションの取り方ができたら、感情を押し付け合うだけのケンカや摩擦は減らせるのです。

コミュニケーションをとる目的は伝えることではなく、伝わって、相手から必要な行動を引き出すことです。

お互いに幸せになりたいと思いながらケンカをしてしまうのは、「俺の言うことをわかってほしい」「私の言うことをわかってほしい」という感情論になっているからです。さらには「わかってほしい」とも素直に言えずに、イヤミを言ったり、いじわるしてしまうこともあります。

じつは相手の言っていることはわかっても、わかったと思われるのが悔しい、という気持ちで、「売り言葉に買い言葉」になってしまうこともあります。そのときの感情論で、「売り言葉に買い言葉」の応酬で、目的を忘れて感情のままにコミュニケーションをしてしまい、幸せになるどころか結局相手を傷つけてしまいます。

いまの会話の目的は何か、何の目的のためにこのコミュニケーションがなされているのかを意識してください。その向こう側には、お互いにハッピーになりたいという気持ちがあることを前提に、ハッピーになるためにはどうしたらいいのかを考えます。

ビジネスでは、「組織は◯◯の集まりだ」と言っています。

◯◯に何が入るかわかりますか。

それは「考え」です。組織で最も大切なことは、チーム内に共通の考え方をたくさんつくり出すことです。共通の考え方をもつ人たちが協力するからこそ、メンバー全体の士気が高くなり、成果を上げていくことができます。

これは男女間にも言えます。

夫婦で共通の考え方をたくさんつくり出すこと。共通の考えをもつ者同士が協力するからこそ、夫婦の幸福感、幸福度をもてるようになります。

そのために多少のイライラやムカムカを乗り越え、話し合って、いろいろな問題を解決し、価値観を擦り合わせることで共通の考え方をつくり出します。コミュニケーションから逃げてはいけません。

「夫婦は旅のパートナー」だと言います。晴れの日も曇りの日も雨の日もいっしょに歩いていかなくてはなりません。

こんな話を聞いたことがあります。

結婚する前は1人で歩いてきました。

だから振り返ると地面の上には自分の足跡だけが残っていました。

やがて愛するパートナーと結婚し、2人で歩いていくことになりました。振り返ると寄り添うように歩く、2人の足跡が残っていました。

しかし、2人の足跡は次第に離れるようになりました。ケンカも多くなり、やがてほとんど話をしなくなりました。

「ああ、どうしてこんなにつらいのだろうか」

そう思って後ろを振り返ると、足跡は1人分になっていました。

「やっぱり。私は1人なんだ。パートナーなんてあてにならない。自分の人生は自分の足で歩いていかなくてはならないんだ」

でも、そうではなかったのです。残された足跡はあなたのものではなく、パートナーのものだったのです。

じつは、あなたはパートナーに背負われていました。あなたがつらいと感じているとき、パートナーがあなたを支えてくれていたのです。

ありがたいはずが、当たり前になり、いつしか相手が見えなくなり、自分だけが苦労しているように感じていました。


昨年亡くなった私の母はよく「子どもは育てたように育つ」と言っていました。私はこの言葉を上司の部下育成セミナーで「部下は育てたように育つ」と言い換えていたのですが、今回本書を執筆するにあたり、これまでの自分の歩みを振り返ってこんなことを考えています。

「男女関係は2人が育てたように育つ」

この言葉を結びに筆を置きたいと思います。
最後までお読みいただきありがとうございました。

2018年4月吉日

嶋津良智

[著者プロフィール]

嶋津良智（Yoshinori Shimazu）

教育コンサルタント、一般社団法人日本リーダーズ学会代表理事、リーダーズアカデミー学長、早稲田大学エクステンションセンター講師。

大学卒業後、IT系ベンチャー企業に入社。同期100名の中でトップセールスマンとして活躍、その功績が認められ24歳の若さで最年少営業部長に抜擢。就任3ヶ月で担当部門の成績が全国ナンバー1になる。

その後28歳で独立・起業し代表取締役に就任。翌年、縁あって知り合った2人の経営者と新会社を設立。その3年後、出資会社3社を吸収合併、実質5年で52億の会社にまで育て、2004年5月株式上場（IPO）を果たす。

2005年、「教える側がよくならないと『人』も『企業』も『社会』もよくならない」と、次世代を担うリーダーを育成することを目的とした教育機関、リーダーズアカデミーを設立。講演・研修などを通して、教える側（上司・親・教師など）の人達にアドバイスをおこなう。2007年シンガポールに拠点を開設し、グローバルリーダーの育成にも取り組む。

2012年から始めた「感情マネジメントが、どう人生や仕事の成果に影響を及ぼすのか」をテーマにした、「怒らない技術～人生·仕事の成果を劇的に変えるアンガーマネジメントのススメ」や、親子関係の改善により、自信を持って自分の才能を伸ばせる子どもの育成を目的としたセミナー「おこらない子育て」が好評を博し、日本、シンガポール、タイ、インドネシアなどアジア主要都市で開催する。

2013年、日本へ拠点を戻し、一般社団法人日本リーダーズ学会を設立。リーダーを感情面とスキル面から支え、世界で活躍するための日本人的グローバルリーダーの育成に取り組む。

主な著書としてシリーズ100万部を突破しベストセラーにもなっている『怒らない技術』『怒らない技術2』『子どもが変わる 怒らない子育て』『マンガでよくわかる 怒らない技術』『マンガでよくわかる 子どもが変わる 怒らない子育て』などの「怒らない技術」シリーズ、『不安をなくす技術』（すべてフォレスト出版）、『あたりまえだけどなかなかできない　上司のルール』『目標を「達成する人」と「達成しない人」の習慣』（ともに明日香出版社）、『だから、部下がついてこない！』（日本実業出版社）などがあり、著書は累計150万部を超える。

編集協力／ Bullet Thinking
ブックデザイン／小口翔平＋三森健太（tobufune）
装画／越前菜都子
DTP ／山口良二

男と女の怒らない技術

2018年5月19日　初版発行

著　者　嶋津良智
発行者　太田　宏
発行所　フォレスト出版株式会社
〒162-0824　東京都新宿区揚場町2-18　白宝ビル5F
電話　03-5229-5750（営業）
　　　03-5229-5757（編集）
URL　http://www.forestpub.co.jp
印刷・製本　中央精版印刷株式会社

ISBN978-4-89451-978-7　Printed in Japan

シリーズ100万部突破!

「怒らない技術」好評既刊

仕事 恋愛 人間関係 恋人
上司 部下
ストレスの99%は「イライラ」!

「怒らない技術」で
自分もまわりも変わってく!

嶋津良智 著
定価 本体1300円+税

怒るのをやめると、
わが子が
「自分からやる子」に育つ!

15万部突破の子育て本、
ついに漫画化!

嶋津良智 著
定価 本体1300円+税